아무도 가르쳐주지 않는 귀농귀촌 본능

농촌은 귀농을 원하지 않는다

지은이	임경수
초판발행	2023년 7월 26일
펴낸이	배용하
책임편집	배용하
교열 교정	윤찬란 최지우
등록	제2021-000004호
펴낸곳	도서출판 비공
	https://bigong.org	페이스북:평화책마을비공
등록한곳	충남 논산시 매죽헌로 1176번길 8-54
편집부	전화 041-742-1424 전송 0303-0959-1424
분류	농촌	귀농귀촌	마을
ISBN	979-11-93272-00-8 03190

값 12,000원

농촌은 귀농을 원하지 않는다

농촌은 귀농을 원하지 않는다

임경수

들어가며

작년에 같은 제목의 책을 전자책으로 출간했었다. 일반 책으로 출간하는 것이 어떻겠냐는 독자의 이야기에 통계자료를 최신 것으로 바꾸고 시골살이를 하는 분들의 인터뷰를 넣어 이 책을 만들게 되었다. 그래서 정확히 표현하자면 이 책의 제목은 『농촌은 귀농을 원하지 않는다 2』인 셈이다. 그 전자책을 포함하면 다섯 번째 책인데, 원고를 정리하며 1999년에 쓴 첫 번째 책, 『이래서 나는 농사를 선택했다』가 많이 생각났다. 이 책도 젊은 귀농인 12명의 인터뷰를 담고 있기 때문이다.

전국귀농운동본부가 1995년에 생겼으니 그 책을 쓸 때만 해도 '귀농'은 생소한 단어였고, 도시 생활을 접고 시골로 내려가는 사람을 별종 취급했었다. 이제 '귀농·귀촌'이라는 말은 꽤 익숙해졌고 인생 2막을 위해 시골로 내려가려는 베이비 부머뿐만 아니라 청년들도 시골에 관심을 많이 가지게 되었다. 하지만 아직 농업과 농촌 현황은 그때보다 더 나아지지 않은 듯하다. 농가의 평균농업소득은 도시 노동자의 최저임금에도 못 미치고, 농사를 지을 사람이 없어 외국인 노동자와 함께 일하는 건 일상이 되었으며, 폐교와 빈집은 늘어나고 어르신이 고독사했다는 이야기는 잊어버릴 만하면 들린다. 그런데 농사를 지어도 돈이 되지 않는 농지와 살겠다고 하는 사람도 없는 시골집은 왜 이렇게 비싸졌는지, 20년 넘게 농촌과 관련된 일을 한 사람으로서 내가 그동안 무엇을 한 것인지, 앞으로 무엇을 해야 하는지 죄스럽고 당혹스럽다. 하지만 그때에도 지금도 여전히 시골로 가려는 사람들에게서 희망을 본다.

그래서 이 책은 시골로 가려는 사람들이 읽기를 바란다. 예전과 달리 시골로 가는 이유는 다양해졌다. 건강을 위해, 아이들 교육을 위해, 자연과 가깝게 지내고 싶어서, 팍팍한 도시가 싫어서, 직장생활을 견디기 어려워, 창업하고 싶어서, 농사와 관련한 일에 흥미가 생겨서 등등. 나는 이 모든 사람이 시골에 필요하다고 생각한다. 농촌에 농민만 살았던 적도 없고 농부가 농사만 지었던 적도 없었으니까. 이 책을 읽고 귀농·귀촌을 준비하는 과정에 도움이 되었으면 좋겠다.

두 번째로는 농정과 관련된 공무원, 전문가가 읽기를 바란다. 농촌에 농민만 살고 농부는 농사만 짓는다고 생각하는 사람이 의외로 많고, 그걸 전제로 정책도 만들어지는 듯하다. 큰돈을 버는 농민이 많아진다고 농촌이 살아나지 않는다. 다양한 일이 있고 그 일로 적정한 소득을 올릴 수 있어야 농촌도 살만한 곳이 되고 그래야 사람도 찾아온다. 지금 우리나라의 농촌은 농지 가격이 오르고 농사로 버는 돈보다 농사에 들어가는 돈이 가파르게 늘어 농사만으로 생계를 유지할 수 없다. 그렇기에 농촌에 다양한 일을 만들어 농부도 다른 일을 할 수 있어야 안정적으로 농사를 지을 수 있다. 이게 가능해야 농지를 지키고, 그 이후에 식량안보를 말할 수 있다. 이 책을 읽고 농정에 이러한 농촌의 현실을 반영해주었으면 한다.

세 번째로는 농촌의 시장과 군수, 지자체 공무원들에게 이 책을 권한다. 지역발전을 고민할 때 주로 외부에 시선이 고정된다. 도시에 무엇을 팔까? 어떻게 도시민을 찾아오게 할까? 도시민을 확보하는 것에 너무 고정돼서 그런지 지역주민도 필요한 것이 있어 돈을 쓰고 여가를 보낸다는 사실을 쉽게 잊는다. 정작 지역주민이 원하는 것은 외부에 나가야 살 수 있으니 돈은 지역 밖으로 빠져나간다. 그렇기에 지역 내부의 필요와 수요에도 관심을 가질 필요가 있다. 행정에서 무언가가 필요할 때도 마찬가지이다. 수많은 계획수립, 디자인, 홍보물 제작, 주민을 대상으로 하는 프로그램 등등을 수도권과 대도시의 업체에 맡긴다. 그렇게 행정의 예산도 외부로 빠져나간다. 지역발전을 위한 고민이 오히려 지역의 자원이 외부로 빠져나가는 결과를 내다니 참으로 역설적이지 않은가? 이제는 지역 내부에서 그 일을 감당할 수 없는지, 지역의 역량을 높여 그런 일을 할 수 없는지를 우선으로 고민할 필요가 있다. 이 책에서 그 필요성과 가능성을 확인했으면 한다. 그래서 돈과 자원이 순환하는 튼실한 지역이 많아지기를 바란다.

마지막으로 청년들이 이 책을 봤으면 한다. 내가 청년일 때는 청년 정책이라는 것이 없었다. 노력하면 직장을 구하고 결혼해 아이를 낳고 집을 사는 일상을 꿈꿀 수 있었다. 일상을 잃어버린 세대, 자식 세대가 부모 세대보다 더 가난한 사회가 될 거라는 우울한 이야기를 들을 때마다 선배로서 부끄럽고 미안하다. 하지만 취업과 창업 프로그램, 몇 푼의 지원금으로 이 문제가 해결될 리 없다. 이 책 속의 여러 이야기, 특히 시골에 내려와 건강하게 사는 다른 청년의 이야기를 보며 선후배 세대와 이야기를 나누고 건강한 지역사회가 어떤 것인지 고민할 필요가 있다는 것을 느꼈으면 좋겠다.

만약 이 책을 읽던 중 복잡한 숫자로 이루어진 통계자료를 해석하기 싫거나 보고서와 같은 글을 이해하기 어렵다면, 시골로 이주해 정착한 분들의 인터뷰 내용만 읽어도 충분하지 않을까 싶다. 인터뷰할 대상을 발굴하고 섭외하는데 많은 분이 도움 말씀을 주셨다. 덕분에 시골로 이주해 건강한 농사를 지으며 지역에 필요한 다양한 일을 하는 좋은 분들을 만날 수 있었다. ㈜브랜드쿡에서 웹진 「안녕, 시골」을 만드는 직원들과, 상주의 공동체귀농귀촌센터의 김승래센터장님께도 감사드린다. 특히 ㈜브랜드쿡의 강미숙대표는 틈틈이 원고를 읽고 도움이 되는 말씀을 주셨고, 동영상 촬영 등의 지원을 아끼지 않아 큰 감사를 전한다. 또한, 이 책을 출간하자고 뜻을 내어주신 비공출판사의 배용하 대표도 여러모로 힘이 되었다.

농촌 일을 한다며 잦은 이사와 여러 번의 전학에도 불구하고 건강하고 끌끌하게 자라 대학생이 된 동준과 소정, 화천에서 군 생활을 하는 막내 동우와 어렵고 힘든 시절에도 평화로운 가정을 만들고 지켜준 늦깎이 대학생 아내, 조영란에게 이 책을 바친다.

2023년 6월. 임경수

제1부 귀농귀촌 10계명

1계명 / 농촌은 쉽게 돈을 벌 수 있는 그런 곳이 아니다

2계명 / 귀농은 특별한 해법을 찾는 것이 아니다

3계명 / 누구나 쉽게 농부가 될 수 없다

4계명 / 크다고 좋은 것은 아니다

5계명 / 농촌에 산다고 돈이 덜 들지 않는다

6계명 / 많이 버는 것보다 덜 쓰는 것이 낫다

7계명 / 농촌에 농민만 사는 것이 아니다

8계명 / 농촌에도 할 일은 많다

9계명 / 농촌에 오면 덜어내기를 해야 한다

10계명 / 농촌에 오려면 가슴의 소리를 들어라

1계명

농촌은 쉽게 돈을 벌 수 있는 그런 곳이 아니다

시골로 가는 사람들이 늘고 있다. 통계자료에 의하면 2021년 37만 7,744가구가 농촌으로 이주해 2020년보다 5.6%가 늘었다. 우리나라 전체 가구의 1.5% 이상이 여전히 시골로 가고 있다.[1] 연령대와 목적, 경제활동, 동기 등이 다양해지고 있고 이에 대응하기 위해 상담, 안내, 교육 등을 지원하는 단체가 서울뿐 아니라 농촌에서도 활동하고 있다. 인터넷 포탈 사이트에 농업, 농촌과 관련된 콘텐츠가 늘어나고 있으며 이와 관련된 책의 출간도 늘었다. 귀농을 키워드로 검색해보면

---

1. 귀농어·귀촌인 통계는 농림수산식품부, 해양수산부, 통계청이 공동으로 발표한다. 2020년에는 귀어가구수는 조금 줄었지만 귀농, 귀촌 가구가 9%가량 증가했다. 정부는 귀농, 귀어, 귀촌을 구별하지만, 이 책에서는 귀농이라는 말을 귀농, 귀촌, 귀어를 모두 포함하는 말로 쓸 예정이다. 농촌에서 이를 명확하게 구별하는 것이 실제 어렵기도 하고 산업적 관점에서는 의미가 있을 수 있으나 여러 가지 측면에서 큰 의미가 없어 보여서이다.

천여 권을 검색할 수 있고 귀농에 성공할 수 있도록 안내하거나 성공한 귀농인을 소개하는 등의 구체적인 내용을 담고 있다. 그런데 귀에 거슬리는 불편한 내용이 있다. 『○○○으로 귀농 성공하기』, 『○○○ 귀농으로 부자되기』, 『○○ 귀농으로 억대 벌기』 등등이다.

농촌에서 돈을 버는 것이 과연 쉬운 일일까? 2021년 2인 농가의 평균소득은 약 4천 1백여만 원으로 같은 해 2인 도시근로자 평균소득 약 5천 8백만 원의 70% 정도이다.[2] 이 수치로도 농촌에서 돈 버는 것이 쉽지 않을 것을 짐작할 수 있다. 그러면 농사로 돈을 버는 것은 어떨까. 결론부터 이야기하자면 도시에 비해 더욱 어렵다. 뒤집어 생각해보면 당연하다. 그렇게 쉬운 일이라면 농민들이 농사를 포기하지 않았을 것이고 지금처럼 농촌이 피폐해지지 않았을 것이다. 이런 상황에서 생전 농사를 지어보지 않았던 도시민이 기존의 농업인보다 더

---

2. 농가의 평균 가구원수가 2.3명이고 2인 가구의 비율이 55%가 넘어 본문에서는 2인 가구를 비교했다. 참고적으로 3인 가구 도시근로자 평균소득은 6천7백만 원이고 3인 농가의 평균소득은 6천7백만 원이어서 85% 정도 수준이다.

높은 소득을 올린다면 현재 농정과 관련된 일을 하는 사람들은 일종의 직무유기를 하는 셈이다. 그렇게 쉬운 일이라면 기존 농민의 소득부터 올려주어야 하는 것이 그들의 책무가 아니던가.

실제로 농가의 농업총수입은 평균 3천7백만 원이다. 그런데 이는 농산물 판매액, 즉 매출액이다. 여기에서 농업경영비를 제외해야 농업의 순소득이 된다. 농가의 평균 농업경영비는 2천 4백만 원이므로 농업총수입에서 농업경영비를 뺀 1천 3백만 원이 농업의 순소득이다. 농사로 돈을 벌기 어렵다는 것을 숫자로 명확하게 보여준다. 그런데 이는 농가의 평균값이니 큰돈을 버는 농민도 있을 것이다. 흔히 '억대 농부'라고 표현하는데, 이 가능성을 검토해보자. 통계에 의하면 전체농가 103만 1천 호 중에서 1억 원 이상의 농산물 판매 수입을 올리는 농가는 4만 호 농가로 3.9%에 불과하다. 이때 '억'은 농업총수익, 즉 매출액이다. 아까와 같이 농사에 들어가는 경비를 제외해야 한다. 2021년 농업총수입과 농업순소득의 비율인 농업소득율은 31.8%인데, 이를 적용하면 1억을 벌더라도 순소득은 3천만 원 내외가 될 수 있다.

달리 접근해보자. 통계자료에 의하면 경지규모 7ha~10ha 약 20,000평~30,000평에서 4천6백만 원 정도의 농업소득이 생긴다. 그런데 지가가 가장 싼 전라남도의 경우 농지의 평균 가격이 평당 5만 2천 원이므로 대략 10억 원 내외의 자금이 필요하다. 정리하면 10억 원을 투자하여 5천만 원 정도의 수익을 냈으니 수익률은 5%이다. 은행 이자보다 많다. 하지만 우리가 놓치고 있는 것이 있다. 바로 농업노동이다. 이 경우 연간 2,000시간 주당 42시간이 넘는 농업노동을 해야 한다. '억대 농민'의 '억'이 매출액이 아닌 순수익이라면, 그 농부는 더 많은 돈을 투자했고 더 많은 노동했을 것이다. 다른 사람을 고용해 그 노동을 대체하면 그만큼 수익률은 낮아진다.

인터넷에 떠도는 귀농의 '성공'은 경제적인 의미를 담고 있다.[3] 하지만 귀농하고자 하는 사람을 대상으로 한 설문조사에서 그 이유는 '쾌적한 환경에 거주', '좋은 이웃 만나기', '건강한 삶', '느린 생활', '공동체 살이' 등이다. 현재 대한민국 농촌에서 돈을 벌기란 쉽지 않다. 농사를 지어서 큰돈을 버는 것은 더 어렵다. 경제적으로, 다시 말해 화폐적인 성공을 목적으로 도시에서 농촌으로 이주하는 것은 어리석은 일이다. 농사로 돈을 벌 수 있다는 미끼로 귀농 정책을 펴는 것 또한 잘못된 일이다. 농촌은 쉽게 돈을 벌 수 있는 그런 곳이 아니다.

농촌은 쉽게 귀농을 허락하지 않는다.

---

3. 나는 개인적으로 '경제적'이라는 단어를 별로 좋아하지 않는다. 울릉도에 사는 이 장희라는 가수가 라디오 프로그램에 나와 동료 가수가 경제적이라고 했을 때, "그 건 경제적인 것이 아니라 화폐적인 거야"라고 한 말을 들은 적이 있다. 그 이후로 나는 경제적이라는 말 대신 화폐적이라는 말을 쓴다.

2계명

귀농은 특별한 해법을 찾는 것이 아니다

농사가 이렇게 어려운데, 농정당국은 왜 귀농하여 농사를 지으라고 하는 걸까? 왜, 소수의 성공한 귀농 사례들을 앞세워 가능성이 낮은 일을 부추기는 것일까? 내가 농촌을 관심에 두게 된 것은 생태마을을 공부하게 되면서이다. 2000년 호주 크리스탈워터즈라는 마을의 퍼머컬처디자인 코스Permacultue Design Course에 참가했다.[4] 생태마을을 공부해보니 우리나라의 전통적인 농촌 마을이 서구의 생태마을보다 훨씬 더 생태적이었다. 하지만 그 전통과 지혜를 무시하고 미래가 담보되지 않는 방식으로 우리 농촌이 시멘트로 포장되고 자본주의로 망가지고 있는 상황이 안타까웠다.

---

4. 크리스탈워터즈 마을은 호주 중부에 생태적인 삶, 공동체적 삶을 살고자 하는 사람들이 모여 만든 마을이다. 퍼머컬처는 지속가능한 농장, 마을, 지역사회를 계획하고 운영하는 체계로 호주의 빌 몰리슨(Bill Mollisom)이 창안했다.

그래서 호주에서 돌아와 시스템 에콜로지System Ecology 공부를 포기하고 우리나라 농촌을 지속가능한 마을로 바꿀 수 없을까 고민했다. 마침 정부는 농촌 마을에 대한 지원사업을 하고 있었다. 녹색농촌체험마을, 전통테마마을 등의 사업이었다. 이 정책은 마을리 단위로 2억 원 정도를 지원해 체험이나 관광 관련 시설을 조성하고 연계된 서비스와 프로그램을 도입하는 것이다. 나는 이 사업을 지원받는 마을이 생태마을이 될 수 있도록 마을 발전 방향을 주민들과 합의하고 지속가능한 방식의 소득원을 발굴하는 일을 시작하였다. 그렇게 주식회사 이장이 탄생했다.[5]

행정 절차상 이런 일의 첫 번째는 기본계획을 수립하는 것이다. 이전까지 마을계획을 만드는 대학이나 기관은 계획은 세우지만 이후 마을에 도움을 주기 어려웠다. 그래서 계획뿐아니라 주민역량을 높이고 더 나아가 사업 초기의 사업을 인큐베이팅하는 방식인 '컨설팅' 개념을 도입하였다. 그래서 '농

5. 주식회사 이장은 2016년 고용노동부 사회적기업으로 인증받았다..

촌마을 컨설팅'이라는 말을 우리나라 최초로 사용하였다. 지금은 농촌에서 '컨설팅'이라는 말은 보편적으로 쓰이고 있고 관련 회사도 많이 생겨 활동하고 있다.

3~4년 정도 이 일을 하던 어느 날, 공무원과 전문가 앞에서 한 마을의 발전계획을 발표했더니, '이장'이라는 회사에서 만든 마을의 사업계획은 다 똑같아서 차별화가 되지 않고 경쟁력이 없다는 말을 들었다. 그전까지 마을을 차별화할 생각도 없었고 경쟁력을 갖게 할 마음도 없었으니 틀린 말은 아니었다. 하지만 어떻게 그 많은 마을을 차별화할 수 있을 것이며 그 모든 마을이 경쟁력을 갖출 수 있게 할 수 있을지 의문이 들었다. 이웃 마을에서 했던 사업과 활동을 그대로 따라 하기도 어려운 농촌주민들에게 차별화니 경쟁력이니 하는 말 등은 어려운 말이기도 하고 실천 불가능한 일이다.

이후 유사한 사업을 지원받은 마을은 점점 많아졌고 차별화와 경쟁력으로 성공했다는 마을도 생겨났다. 농정당국은

이 몇 개의 마을을 근거로 명분을 확보하면서 사업을 계속 추진했다. 이 사업으로 만들어진 건물과 시설이 방치되고 있어도 오히려 이름을 바꾸어가며 유사한 사업은 더 늘어났다. 그러자 이미 지원받았던 마을이 다른 사업을 지원받으며 그 사업의 성공모델이 되었다. 소수의 성공한 귀농인을 모델로 귀농 정책을 펴는 것과 닮은꼴인 셈이다. 우리 농정은 농민에게 경쟁력을 가지라 지원하고 그 일부가 성공하면 정책이 우수한 것으로 간주한다. 그러다 보니 새로운 정책을 만들면 성공 가능성이 큰 대상을 찾게 된다. 그래서 농업과 관련된 지원금은 소수 농민이 중복적으로 혜택받고 있다는 비판을 받고 있다.

문제는 귀농하고자 하는 사람도 자신이 그 특수해법을 만들 수 있다고 착각하는 것이다. 즉, 농촌에 가면 성공한 소수에 들어갈 수 있다고 생각한다. 이는 기존의 농민이 능력이 없는 사람들이고 자신이 농민보다 더 잘할 수 있다는 농민에 대한 몰이해와 폄하에서 비롯된다. 나는 귀농과 관련한 강의를 할 때 자신의 손을 농부의 손과 비교해본 적이 있느냐고 물어

본다. 그제야 교육생 대부분이 비로소 자신의 손을 들여다본다. 앞으로 흙을 만지며 험한 일을 해야 하는 손을 마주하는 것이다. 내가 만난 농부의 손은 대개 크고 두께가 있으며 그 피부는 거칠고 질겨 보였다. 농부의 손은 다 그런 것인지, 태어날 때부터 달랐는지, 농부가 되면 그렇게 변하는 것인지 모르겠지만 여하튼 도시인의 뽀얗고 하얀 손은 농촌에서 '경쟁력'이 없는 것만은 분명하다. 그 손이 바로 귀농인의 현재 위치이다.

여기서 가장 위험한 부류는 중소기업 CEO 출신이다. 재력도 있고 회사 경영에서 손을 놓지 않아 어느 정도 수입이 있을 것이다. 그리고 귀농 분야에서도 성공을 꿈꾸며 관련된 강의를 찾아다니고 책을 보면서 꼼꼼한 사업계획을 만든다. 그러나 농사는 사업과 다르다. 꼼꼼하게 작성한 사업계획은 지역마다 다른 기후와 다양한 조건 때문에 무용지물이 되기 쉽다. 연금이 탄탄히 준비된 공무원과 교사도 위험하다. 그들에게 그렇게 큰 소득이 필요 없을 것 같은데, 귀농 계획 만큼은 거침이 없다. 넓은 땅에 저택과 같은 거창한 전원주택을 상상하며 고급스러운 조경에도 신경 쓴다. 그 모든 것은 '내가 그래도 기업의 CEO였는데', '그래도 농업을 좀 아는 공무원이었는데', '그래도 남을 가르치는 선생이었는데'라며 자신을 특별한 존재로 생각하는 것에서 시작한다. 하지만 농촌에 들어오면 이제 특별한 존재가 아니다. 농부 새내기일 뿐이다.

누구나 농사를 지으면 적정한 수익이 보장되는 농업정책을 만들 수 없을까? 농촌에 사는 누구나 적정한 수준의 삶의 질을 누릴 수 있도록 농촌을 바꿀 수 없을까? 다시 말해, 특수해법이 아닌 일반해법을 정책으로 만들고 지원할 수 없을까? 만약 가능하다면, 소수를 위한 특별한 귀농 정책은 없어도 될 것이다. 저절로 많은 사람이 농사를 지으려고 혹은 이전과 다른 삶을 살기 위해 농촌을 찾아오게 될 것이다. 그래서 농정당국과 지방정부가 농민이든 귀농인이든 '누구나' 도움을 받을 수 있는 일반해법을 만들기 바란다.

전북 완주군에서 추진한 로컬푸드는 일반해법의 전형적

인 모델이다. 특별한 농민 몇 명이 아니라 누구나 참여할 수 있는 시스템을 가지고 있다. 특별한 작목이 아니라 어떤 작목이라도 팔 수 있으면 직매장을 활용할 수 있다. 그래서 농민은 최소한 원칙을 지키며 생산과 유통에 참여하면 소득을 올릴 수 있다. 특정인을 대상으로 하지 않아 개인에게 지원한 보조금은 많지 않다. 하지만 로컬푸드의 생산과 유통 시스템을 구축하기 위해 사용한 공적 자금은 완주군에 고스란히 남아 모든 농민의 공유자산이 되어있다. 귀농하려는 곳에 완주군과 같은 로컬푸드가 정착되어 있다면 좋겠지만, 그렇지 않다면 일반해법에 가까운 답을 찾아야 한다. 자신이 농촌에서는 특별한 존재가 아니라고 몇 번씩 되새기며 큰돈이 되지 않더라도 해당 지역에서 누구나 하는 농사부터 시작해야 한다.

농촌은 특별한 사람을 원하지 않는다.

3계명

누구나 쉽게 농부가 될 수 없다

"시골에 가서 농사나 지으면 되지"라는 이야기를 듣곤 한다. 대부분 하는 일이 잘 안되거나 사람들과의 관계에 지치면 그렇게 말한다. 하지만 농사는 그렇게 충동적으로 시작할 수 있는 쉬운 일이 아니다.[6] 농사를 지으려면 많은 것을 배우고 경험해 축적해야 한다. 이걸 바탕으로 자신의 성향과 토지에 맞는 작물을 선택하고 자신만의 농사 방식을 만들어내야 한다. 맞붙어 있는 논도 각각 논물을 대는 방식이 다를 수도 있고 미세한 기후 차이는 같은 날 심은 벼의 성장을 다르게 만든다. 또 같은 쌀이라도 품종이 다르면 모 심는 시기와 생육방식도 차이가 난다. 그래서 같은 작목을 경작하는 농부들을 모아보면 똑같이 농사짓는 농부는 하나도 없을지 모른다.

---

6. 농부들은 이 말을 농부에 대한 비하가 들어있다고 느끼기 때문에 싫어한다.

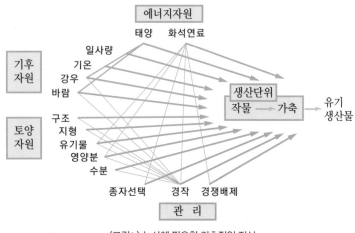

〈그림1〉농사에 필요한 기초적인 지식

　　농부들은 부모와 마을 어른에게서 이 지식을 전달받았고 이를 바탕으로 자신만의 농사 노하우를 만들어왔다. 그러니 새내기 농부라면 어떻게든 이 시간과 경험차이를 줄여야 한다. 문제는 그렇게 하려면 너무 많은 것을 배워야 한다는 것이다.

　　기술적으로 농사는 '종합과학'이다. 농사는 무기물질로부터 유기물질을 만들어 우리에게 필요한 식량을 얻는 일이다. 물, 이산화탄소, 영양분이 되는 무기원소로부터 유기물질을 만들어내는 광합성을 활용한다. 아무리 빨리 달릴 수 있고 수준 높은 사고를 한다 해도 동물들은 광합성을 할 수 없고, 식물만이 이 능력을 보유하고 있다. 그래서 농사를 지으려면 식물에 대한 기본적인 지식이 필요하다. 그런데 식물은 토양으로부터 물을 얻고 영양물질을 흡수하기 때문에 토양에 대해서 알아야 하고, 기후와 날씨에 영향을 받기 때문에 이를 활용하거나 통제하기 위한 지식이 필요하다. 또 종자를 선택하고 식물이 잘 자랄 수 있는 환경을 만들기 위한 작업을 해야 한다. 그에 따라 필요한 도구와 기계, 농자재 등 각양각색의 필요한 것을 알고 있어야 한다.

얼마나 어렵고 많은 것을 알아야 하는지 감이 오지 않는가? 그럼 좀더 자세히 퇴비 만들기로 예시를 들어보자. 유기농업을 하겠다고 하면 퇴비를 만들어 사용하는 것이 기본이다. 재료를 아무렇게나 쌓아놓는다고 퇴비가 만들어지지는 않는다. 퇴비를 잘 만들기 위해서는 발효과정을 이해해야 한다. 발효의 과학적 용어는 유기물질을 무기물질로 분해하는 소화 Digestion인데 이 소화의 과정 중에 인간에게 유익한 물질이 만들어지는 것을 발효라고 부른다. 소화는 산소를 사용하는 호기성 소화, 산소를 사용하지 않는 혐기성 소화로 나누는데, 혐기성 소화로 만들어진 것이 김치, 치즈, 야쿠르트이고 호기성 소화로 만들어지는 것 중의 하나가 퇴비이다. 이러한 과정에는 미생물이 간여한다. 따라서 우리가 원하는 퇴미를 만드는 특정 미생물인 호기성 미생물이 동작하기를 원하면, 그 미생물을 넣어주는 것이 아니라 그 미생물이 좋아하는 환경을 만들어주어야 한다. 그래서 좋은 퇴비를 만들려면 산소가 원활하게 공급될 수 있도록 해야 한다.

이렇듯 퇴비를 만들려면 미생물을 공부해야 한다. 미생물에 대한 기초적인 지식을 갖추면 왜 습도를 조절하는지, 왜 퇴비를 섞어주어야 하는지, 더 나아가 왜 탄소와 질소의 비율을 맞추어야 하는지 이해할 수 있다.[7] 이러한 것들을 이해해야 자신만의 방법을 만들어낼 수 있다.

---

7. 퇴비재료의 탄소와 질소의 비율을 탄질비(C/N비)라 하는데 미생물은 질소성분이 기본적으로 있어야 작동한다. 탄소성분만 있으면 미생물의 작동이 원활하게 일어나지 않고 질소성분이 많으면 유기물질을 모두 무기물질로 분해하기 때문에 적당한 비율이어야 한다.

이런 점들을 고려하면 새내기 농민이 주변에서 경작하지 않는 작물을 선택하는 것은 좋은 판단이 아니다. 전북 장수에서는 사과 과수원을 해야 하고 경북 성주에서는 참외 농사를 지어야 하며 충남 논산에서는 딸기를 심어야 한다. 배우려는 사람과 도와줄 사람들이 주변에 많을 것이고 여럿이 같은 작목을 경작해야 유통비용도 줄일 수 있다.[8]

농부가 겪는 가장 난감한 상황은 농산물 가격의 폭등과 폭락이다. 내가 경작하지 않는 작물이 폭등하면 배가 아프고 내가 경작하고 있는 작물이 폭락하면 가슴이 아프다. 농산물이 이렇게 폭등과 폭락을 하는 근본적인 원인은 농산물의 가격탄력성이 낮기 때문이다. 시장경제에서 농산물 가격은 수요와 공급량에 의해 결정된다. 하지만 수확기의 가격을 예측하여 파종기에 재배 여부와 재배량을 결정할 수도 없고 수요에 맞추어 적절한 생산량을 정하고 그 양을 농민에게 공정하게 분배할 수도 없다. 그래서 농민은 시장의 불확실성을 숙명적

---

8. 지역의 대표적인 품목을 선택하면 유통에 있어서만 유리한 것은 아니다. 지역의 대표적인 작물이기 때문에 지방정부가 적합한 농자재, 유통, 마케팅, 가공 등을 지원하는 경우가 많다.

으로 안고 농사를 지어야 한다.

귀농하려는 사람들이 가끔 던지는 질문, "어떤 작물이 돈이 되나요?"는 무식과 무모함을 드러내는 질문이다. 항상 돈이 되는 작물은 없다. 올해 돈이 되었다가 내년에 폭락할 수도 있다. 불확실성을 완전히 없앨 수 없으니 피하거나 분산시켜야 한다. 출하 시기를 조절할 수 있도록 저장시설을 갖추거나 시장 상황이 안 좋을 때는 가공해서 저장성을 높여야 한다. 아예 여러 작물을 동시에 경작하는 것이 더 근본적인 방안이다. 이러한 농산물 시장을 이해하지 못하면 돈이 되는 작물을 찾아다니고 그 작물에 올-인하다가 낭패를 보기 쉽다.

농사와 관련된 지식과 기술, 유통과 시장에 대한 정보보다 농부에게 더 중요한 것이 있다. 전남 보성에 '은하아빠'라 불리는 농민 강대인이 있었다.[9] 오래전 그의 논을 방문한 적이

___

9. 과거형인 것은 2010년 작고했기 때문이다. 강대인 농부는 아버지가 농약 중독으로 사망하자 농약과 화학약품을 버리고 홀로 유기농업을 시작하여 수많은 실험과 시행착오를 겪으면서 농법을 완성하고 오색쌀 종자를 복원하였다. 1995년 우리나라 최초로 유기재배 품질인증을 받았으며 유기농업의 선구자들이 모인 정농회의 회장을 역임했다. 농한기에 단식수련을 위해 암자에 들어갔다가 세상을 멀리해 많

있는데 대나무로 만든 삼각형 대문을 만들어 놓았다. 무슨 문이냐 물으니 주변 산의 지세가 기운을 빠져나가게 하는 형국이어서 문을 만들어 벼들을 평안하게 했다고 대답했다. 새벽에 논에 나가면 벼들이 사랑스러워 손뼉을 치며 잘 잤냐고 인사를 하고 태풍이 몰려오면 꽹과리를 들고 나가 이겨 내라고 벼들을 응원한다. 누군가는 그걸 보며 미쳤다고 하겠지만, 강대인 농부는 농사는 생명을 키우는 것이기에 공장에서 찍어내듯 만들어낼 수 없는 것이라 후배들을 가르쳤다. 강대인 농부는 그의 책에서 이렇게 이야기하고 있다. "농사는 하늘과 땅이 짓는 것, 그중 사람의 기술이란 아주 일부에 불과하다. 기술보다 하늘, 땅과 하나 된 마음을 가질 줄 아는 것이 더 중요하다." 무엇보다 농부는 자연과 생명에 대한 존중과 경외심을 갖추어야 한다.

아무나 농부가 될 수 없다.

은 유기농 농부들이 안타까워했다. 강대인의 농법을 자세히 알고 싶다면, 『강대인의 유기농 벼농사』, 들녘, 2005를 보면 된다.

4계명

크다고 좋은 것은 아니다

경제학 용어이지만 '규모의 경제'라는 말을 일상에서 자주 사용한다. 규모의 경제와 관련된 효과는 원재료를 구매할 때 유리한 조건, 대규모 투자로 인한 이자 절감, 상품 단위당 마케팅과 비용의 감소, 대량생산으로 얻어지는 학습 등에서 나타난다. 그러나 규모가 늘어난다고 이익이 무조건 증대되는 것은 아니다. 규모의 경제를 정확하게 설명하는 말은 '생산요소 투입량의 증대에 따른 생산비 절약'이다. 즉 생산비가 늘어나지 않는 조건에서 생산량을 늘려야 이익이 늘어나는 것이다.

〈그림 2〉와 같이 생산량 증가에 따른 비용곡선이 만들어지는 경우 생산량 Q1에서 Q2로 증가할 경우 규모의 효과는

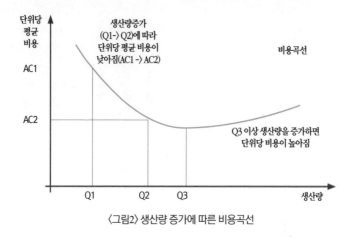

〈그림2〉 생산량 증가에 따른 비용곡선

나타나지만, Q3 이상에서 생산량을 확대할 경우 그 효과는 나타나지 않는다. 즉, 규모의 경제는 생산환경에 따라 나타나기도 하지만, 특정 지점을 넘고나서는 나타나지 않을 수도 있다.

농정당국은 1986년 우루과이라운드UR협상이 본격화되면서 시장개방에 대응하여 농업경쟁력을 높이기 위한 대책을 마련하였다. 그 대책 중 하나는 영농규모 확대였다. 선진국과 비교하니 우리나라 경지 규모가 더 작기에 경쟁력이 없다고 판단한 것이다. 이러한 정책이 농촌의 고령화와 맞물리면서 1

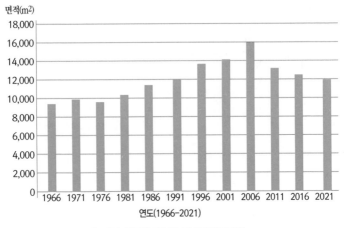

면적(m²)

〈그림3〉 연도별 가구당 경지면적의 변화

인당 경지 규모는 늘어나기 시작했다. 그런데 2006년 이후 경지 규모가 줄어들기 시작한다. 전문가들은 이 현상에 대해서 1997년 이후 규모를 확대하는 농업구조조정 정책이 중소농 중심의 품질 제고와 친환경농업 육성 정책으로 전환되었기 때문으로 해석하기도 한다. 하지만 그 원인은 경지 규모가 아무리 커져도 수익 증가로 이어지지 않기 때문은 아닐까?

농업에서 규모의 경제 효과가 나타나기 위해서는 넓힌 농지가 한곳에 모여 있어야 하고 기계화로 노동력 투입을 줄여야 한다. 그런데 우리나라 지형적 특성상 어렵다. 가족 노동으로 감당할 수 없는 일정 규모 이상이 되면 농업경영비에서 인건비의 비중이 커지지만, 특정 시기에 노동력을 집중해야 하는 농업노동의 특성상 인건비의 절약도 쉽지 않다. 그렇게 농업에 있어서 규모의 경제 효과는 제한적이다.

예전에 충북의 어느 지역에 강의 갔다가 수년 전 귀농하여 복숭아 농사를 짓는 농민을 만난 적이 있다. 귀농 5년 차부터 손익분기를 넘어 저축이 가능해졌다며 귀농생활에 만족하고 농사에 자신도 있어 보였다. 그는 귀농할 때 매입한 나머지 반 정도의 땅을 개간하여 복숭아 농사를 확대하고 자신의 이름을 딴 농장 브랜드를 만들고 싶어 했다. 마침 1박 2일 교육이라 첫째 날 숙제를 내주었다. 개간 비용과 농장의 규모 확대에 따른 농업경영비를 고려해 손익분기점이 다시 언제가 되는지 계산하는 것이었다. 다음날 그 귀농인은 나머지 땅을 개간하지 않겠다 했다. 개간 비용에 들어가는 투자비도 만만치 않았고 경작지가 두 배가 된다고 수익도 두 배가 되지 않는다는 것, 특히 추가적인 인건비가 들어간다는 것을 알게 된 것이다. 대신 그 귀농인은 나머지 땅에 투자비가 적게 들고 혼자서 할 수 있는 그런 일이 없는지 찾아보겠다 했다.

〈그림4〉은 농업경영비를 적게 쓰면서 농업소득을 늘릴 수 있는 적정규모가 있을지 알아보기 위해 2012년부터 2021년까지의 경지규모별 단위면적당 농업소득에 대해 평균을 계산해 나타낸 것이다. 그림에 따르면 1.0ha~1.5ha의 단위면적당 농업소득이 가장 높고 그 이상이 되면 감소하는 것을 알 수

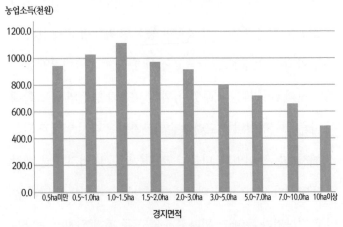

농업소득(천원)

〈그림4〉 경지 규모별 농업소득율 (2016년~2021년 평균)

있다. 평균자료이기 때문에 이 정도의 규모가 수익을 최적화할 수 있는 보편적 적정규모라 단정하기 어렵다. 아마도 작목별, 연령별, 농사에 참여하는 가구원수 등에 따라 달라질 것이다. 하지만 경지 규모가 크다고 해서 농업소득이 무조건 증가하는 것이 아니라는 것은 분명하다. 농가 경제와 관련한 상세한 데이터가 있다면 여러 가지 경우에 대해 적정규모를 찾아낼 수 있지 않을까? 그렇게 해서 농민들에게 규모를 가늠할 수 있도록 해주면 좋겠다. 그래서 충북의 복숭아 농사를 짓는 귀농인과 같은 실수를 반복하지 않도록 해주면 좋겠다. 여하튼 시골에서 농사를 짓는다면 무작정 돈이 되는 작물이 무엇인지 찾아다니고 그 작물을 심겠다고 터무니없이 큰 땅을 사는 일은 하지 않아야 한다.

농사를 짓는데 꼭 넓은 땅이 필요한 것은 아니다.

5계명

농촌에 산다고 돈이 덜 들지 않는다

흔히 시골에 살면 돈이 덜 들 것이라 착각하기 쉽다. 그래서 큰돈을 벌지 않아도 그럭저럭 살 수 있을 것이고, 더 나아가 돈의 노예가 되지 않을 것이니 그야말로 안빈낙도의 생활이 가능할 것이라 생각하기도 한다. 하지만 안타깝게도 이것은 헛된 판단이다. 서울에서 태어나 소도시, 농촌 읍소재지, 시골 마을에서 조금씩 살아보았지만, 시골에 산다고 해서 눈에 띄게 지출이 줄지 않았다.

통계자료에서 살펴보자. 2020년 도시 가구의 월 소비지출은 305만 원이고 농촌 가구의 월 소비지출은 229만원으로 약 75% 수준이다. 이렇게 보면 농촌의 소비지출이 적은 것으로 보인다. 하지만 이를 유형별로 나누어 농촌과 도시에서 가구주가 40대인 경우, 가구원수가 4인인 경우를 비교하면 〈그림

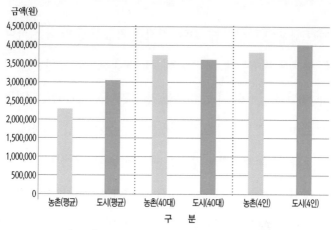

〈그림5〉 도시와 농촌 가구의 소비지출의 비교 (2020)

5)와 같다. 40대 가구의 경우 농촌은 도시보다 2.6%가 오히려 높고 4인 가구의 경우 96% 수준이다.

　농촌의 평균 소비지출액은 구성 비율이 높은 고령의 농가가 그 평균을 끌어내렸을 가능성이 크다. 농촌에서 인구 비율이 높은 70대 농가의 소비지출은 184만 원으로 도시의 평균에 비교하면 60%밖에 되지 않는다.[10] 사람들이 시골에 살면 지출이 적을 것이라 착각하고 있는 이유는 이러한 통계자료에

---

10. 2019년 전체농가 100만 7,158명 중에 70대 이상의 농가는 46만 1,531명으로 45.8%를 차지하고 있다.

의한 평균의 함정일 수 있다. 착각의 가능성 중의 다른 하나
는 농촌은 변했는데, 아직도 예전의 농촌으로 생각하는 것이
다. 50년 전인 1970년 농가의 월 가계지출은 17,314원, 도시는
27,820원으로 농촌이 도시의 약 60% 수준이었다.[11] 시골에 살
면 돈을 덜 쓸 것이라는 생각은 예전의 농촌을 상상하고 있거
나 자신도 농촌의 노년층처럼 살 수 있다는 잘못된 판단 때문
인 것으로 보인다.

생각과 달리 농촌에서 씀씀이는 왜 많아졌을까? 우선 활
동하는 공간이 과거에 비해 넓어졌다. 도로 사정이 좋지 않고
개인적인 교통수단을 소유할 수 없던 과거에는 모든 일을 가
까운 범위에서 해결하였다. 하지만 정보공유와 이동이 쉬워지
면서 다양하고 나은 품질의 재화와 서비스를 찾을 수 있고 구
하기도 쉬워지자 활동반경이 점점 넓어졌다. 그렇게 더 많고
좋은 것을 구매하기 위해 지출하고 더 먼 거리를 이동하면서

---

11. 2020년 도시와 농촌의 지출을 비교하기 위해 소비지출을 활용했는데 2002년까
지 농가경제조사에 소비지출을 구별하지 않아 1970년의 비교는 소비지출과 비소
비지출을 합산한 가계지출을 활용하였다.

더 많은 돈을 쓰게 되었다.

두 번째 이유는 농촌 생활에 필요한 것을 도시와 다를 바 없이 돈을 주고 사게 되었다는 것이다. 예전에는 어느 정도의 식량은 자급했고 이웃과 나누어 먹었다. 식량뿐 아니라 직접 옷도 만들어 입었고 이웃 주민들과 함께 집도 지었다. 단작, 규모화, 전문화로 특징되는 농업의 산업화가 농민이 더 많은 돈을 벌 수 있게 했으나 필요한 식량을 사기 시작했다. 식량을 저장하기 위해 마련했던 작은 토굴 대신 냉장고를 사고 이웃과 즐기던 다양한 놀이와 마을문화 대신 텔레비전과 스마트폰을 산다. 필요한 이 모든 것들을 해결해주는 것이 바로 현금 지출이다.

농가의 지출을 증가시키는 세 번째 요인은 에너지 소비의 변화이다. 이는 물론 농가의 지출을 늘리고 있는 첫 번째, 두 번째 요인과 연관되어 있다. 예전에는 석유로 난방을 하지도 않았고 LPG로 밥을 하지 않았으며 가전제품도 없었다. 또

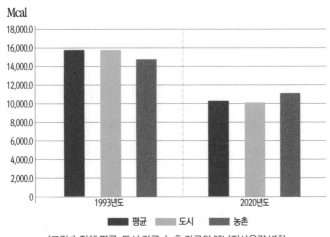

〈그림6〉 전체 평균, 도시 가구, 농촌 가구의 에너지사용량 변화

한, 자동차를 비롯한 석유로 가동하는 장비를 개인적으로 쓰
지 않았다. 〈그림6〉은 에너지경제연구원의 통계자료로 1993
년과 2020년의 가구당 에너지사용량을 전체평균, 도시 가구,
농촌 가구를 비교한 것이다. 열량으로 합산한 에너지사용량
은 국내 경제 상황, 에너지원별 가격에 따라 변화하기 때문에
전체적인 에너지사용량은 줄었는데, 1993년에 전체평균, 도
시 가구와 비교해 작았던 농촌 가구의 에너지사용량이 2020
년 많아진 것을 알 수 있다. 도시보다 농촌이 더 많은 에너지를
쓰고 있다는 이야기다.

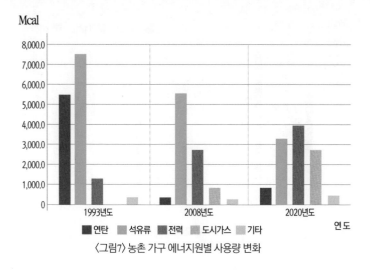

Mcal

〈그림7〉 농촌 가구 에너지원별 사용량 변화

연탄　석유류　전력　도시가스　기타

연도

〈그림7〉은 1993년, 2008년, 2020년 농촌 가구의 주요한 에너지원 사용량 변화를 나타낸 것이다. 1993년에는 연탄, 석유류를 주로 썼지만, 점차 석유류, 전력, 도시가스가 주종이 되었다.[12] 문제는 이러한 에너지원의 가격이다. 통계청의 한국통계월보에 따르면 2017년부터 2022년 8월까지 가정용 등유는 1.9배, 프로판가스 1.4배, 전기는 1.2배, 도시가스는 1.1배가 상승했다.〈그림8〉 이렇게 소비량이 늘고 있는 에너지원의 가격은 앞으로 더 올라갈 가능성도 크기 때문에 에너지비용 부

12.농가당 에너지 소비량이 줄어든 것은 농가의 가구원수가 줄어들었기 때문이다.

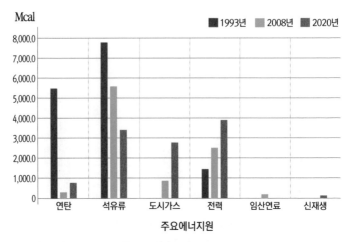

〈그림8〉 농가의 에너지원별 소비량의 비교 (에너지총조사, 에너지경제연구원)

담은 계속될 것이다.

여기에 여러 가지 기반 시설이 도시와 비교할 때 부족하다는 것도 영향을 미친다. 인구가 밀집된 큰 읍내가 아니면 도시가스가 공급되지 않아 한겨울에도 마음을 놓고 보일러를 틀기 어렵다. 대중교통이 마을마다 연결되지 않기 때문에 학교를 다니는 자녀가 있는 농가는 부부가 각기 자동차를 가지고 있다. 서울에서는 65세 이상이면 지하철이 무료이지만, 농촌에는 이러한 혜택도 거의 없다. 이러한 기반 시설 부족도 지출 증가의 원인이다.

시골에 산다고 지출이 저절로 줄어들지 않는다. 지출을 줄이기 위해서는 생활방식을 바꾸어야 한다. 되도록 식량을 자급하고 생활에 필요한 많은 부분을 스스로 해결하거나 이웃과 나누고 커다란 TV와 양문형 냉장고, 식기 세척기 등의 에너지 다소비 기구들을 버려야 한다. 그래도 도시와 달리 농촌에서는 많은 분야에서 이러한 전환이 가능하다. 농촌은 쉽게 돈을 벌고 그 돈을 펑펑 쓸 수 있는 그런 곳이 아니다. 도시에서의 생활방식을 혁명에 가까울 정도로 전환해야 농촌은 겨우 도시민의 진입을 허락한다.

농촌에 살기 위해서는 지출을 줄여야 한다.

6계명

많이 버는 것보다 덜 쓰는 것이 낫다

시골에서의 슬기로운 경제생활을 위해 시스템 에콜로지 System Ecology의 시스템 분석System Analysis을 활용해보자. 시스템 분석에서 흔히 쓰는 방법의 하나는 검은 상자 접근법Black Box Approach, 〈그림 9〉이다. 우리가 관심을 가지는 대상에 상자를 덮고 안이 보이지 않게 검은색으로 칠한다. 그러면 그 상자 안으로 들어가는 입력과 상자 밖으로 나오는 출력만 보인다. 굳이 상자 안에서 일어나는 것을 알지 못해도 입력과 출력, 그리고 그 변화로 상자 내부를 추측할 수 있고 더 나아가 상자 내부를 바꾸기 위한 대안을 찾아낼 수도 있다.

우리의 목표는 소득을 증가시키거나 안정화하는 것이다. 누구나 아는 기본적인 내용이지만 소득은 버는 돈에서 지출

〈그림 9〉 농가소득에 대한 검은상자 접근법

하는 돈을 **뺀** 나머지이다. 검은 상자 접근법으로 농가의 소득을 높이는 방법을 풀어보자. 농가소득은 농업 총수입과 농업 외수입으로 구분할 수 있고 농가 지출은 농업경영비와 가계지출로 구분할 수 있다. 농가의 소득을 높이려면 아래 〈그림 9〉에서 왼쪽에 있는 입력을 늘리거나 오른쪽의 출력을 줄이면 된다.[13]

먼저 농업 부문만 먼저 살펴보자. 농업소득은 농업총수입에서 농업경영비를 제외한 금액이다. 지난 30년간1992년~2021년 관련 지표를 그래프로 비교하면 다음 〈그림 10〉과 같다. 지난 30년간 농업총수입과 농업경영비는 거의 비슷한 등락을

---

13. 농가소득에 있어 입력과 출력을 이렇게 구분한 것은 통계청의 농가경제조사 항목을 농업과 비농업 부문을 구별해 살펴보기 위한 것이다.

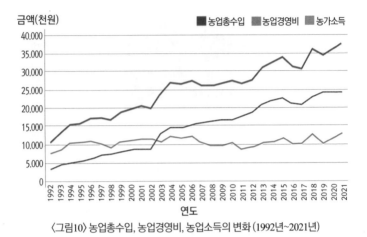

금액(천원)

■ 농업총수입 ■ 농업경영비 ■ 농가소득

〈그림10〉 농업총수입, 농업경영비, 농업소득의 변화 (1992년~2021년)

보이면서 변화하고 있다. 이는 그동안 획기적인 농업총수입의 증가도 없었고 농업경영비의 감소 없이 물가에 연동된 것으로 보인다. 또한, 지난 30년 동안 농업총수입이 3.5배 늘어나는 동안 농업경영비는 7.1배 늘었고 농업소득은 1.8배밖에 늘어나지 못했다. 물가의 상승을 고려하면 농업소득은 실질적으로는 감소한 것으로 볼 수 있다. 1992년 농사를 짓기 위해 쓰는 돈은 농업소득의 45% 정도였으나 2020년에는 2배가 가까이 된다. 즉, 농사를 지어 남는 돈보다 훨씬 많은 돈을 농사를 짓기 위해 쓰고 있다.

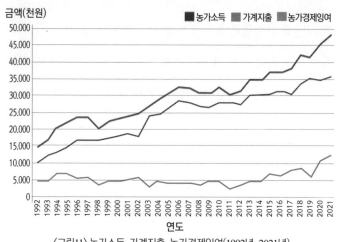

금액(천원)

■ 농가소득　■ 가계지출　■ 농가경제잉여

〈그림11〉 농가소득, 가계지출, 농가경제잉여(1992년~2021년)

　농가 경제로 관점을 확대해보자. 지난 30년간 농가소득, 가계지출, 농가경제잉여를 그려보면 〈그림 11〉와 같다. 농가소득과 가계지출의 등락이 비슷하게 연동하고 있다. 〈그림 10〉 농업 부문 경제지표와 흡사하다. 농가소득을 증가시키거나 농가의 지출을 감소할 수 있는 획기적인 일은 일어나지 않았고 물가의 상승에 따라 움직인 것으로 보인다. 그래서 농가경제잉여는 비슷한 수준에서 소폭 등락하고 있다.[14] 다만

---

14. 통계자료는 농가경제잉여는 농가가처분소득(농가소득-비소비지출)에서 소비지출을 빼 계산하는데 결국 농가소득(농업소득+농업외소득)에서 가계지출을 뺀 것과 같다.

2019년에 감소했던 농가경제잉여는 2020년, 2021년 계속 증가하고 있는데 이는 농업소득의 증가세가 크지 않으므로 농외소득에 의한 것이고 이러한 추세가 계속될지는 두고 볼 일이다.

우리나라 농업정책을 프로그램 농정이라 부르기도 한다. 농정당국이 부서별로 만든 많은 지원정책을 농민이 선택하면 보조금을 지원하는 시스템을 일컫는 말이다. 마치 스마트 폰의 어플리케이션 프로그램처럼 공급하기 때문에 붙여진 별명이다. 그런데 이 다양한 프로그램의 주요한 목표는 시장에서 돈을 버는 것이다. 지난 30년간의 통계자료는 농업총수입이 늘더라도 농업경영비를 낮추지 않는 한 농업소득을 높이기 어렵다는 것과 농가의 지출을 줄이지 않는 한 농가 경제가 나아질 수 없다는 것을 보여주고 있다. 농사를 짓는 일과 농촌 살림에서 지출을 줄일 수 있는 대책을 마련해야 한다. 시장에서 돈을 버는 것에만 초점을 맞추고 있는 편향된 정책은 벌써 수정했어야 했다.

시골살이를 시작한다면 앞에서 버는 돈보다 뒤로 쓰는 돈에 관심을 더 가져야 한다. 작은 규모에서 지출을 줄이는 방식은 적절한 규모까지 유효하게 작동하니 작게 시작해야 한다. 크게 만들기 위해 빚을 내는 것은 지속적인 지출을 만들기 때문에 어리석은 일이다. 외부 인력의 도움을 받지 않도록 노동력을 분산하는 작부 체계를 짜고 돈이 되는 작물뿐 아니라 자급할 수 있는 작물을 함께 심어 소비지출을 줄여야 한다. 농사와 생활에 쓰이는 전기와 화석연료의 소비량도 줄여야 한다. 특히 에너지 가격은 언제 오를지 모르기 때문에 소비량을 줄일 수 있는 기반 시설과 시스템을 만들어야 한다. 혼자서 하는 것이 어렵다면 마을과 지역 사회의 공동체 활동을 통해 지출을 줄이는 방법까지 고려해야 한다.

그렇게까지 지출을 줄여 곤궁하게 사는 것이 불편할 수 있다. 하지만 시골살이를 시작하는 이유를 되새기며 멕시코 어부에 관한 우화를 곱씹어보자. 미국의 대학교수가 휴가차 멕시코의 한 어촌을 방문하게 되었는데 어부가 아침 일찍 고기잡이를 끝내고 일을 정리하고 있었다.

"아니 왜 이리 일찍 일을 마칩니까?"

"오늘 잡을 물고기를 운이 좋게 다 잡아서 일을 정리하고 집에 가려고 합니다."

"지금 집에 가면 무얼 하나요?"

"집에 가서 가족과 식사하고 가벼운 낮잠을 잘 겁니다. 이후에는 아이들과 같이 놀다가 저녁 식사를 마친 후 근처 바에 가서 친구들과 함께 데낄라를 마시고 기타 연주를 하며 보낼 겁니다."

"지금 이렇게 일이 잘될 때 고기를 더 잡아다가 시장에 판다면 돈을 벌어 얼마 후면 배를 한 척 더 살 수 있을 텐데요. 그러면 고기를 더 많이 잡을 수 있을 테고 이후에 배를 여럿 가진 회사의 사장이 될 수도 있지요. 그런 식으로 노력하다 보면 캘리포니아나 멕시코시티의 번화가에 근사한 사무실을 가질 수도 있고 먼 훗날 주식시장에 상장이라도 되는 날이면 그야말로 억만장자가 되어 돈방석에 앉게 될 텐데요."

"그렇게 노력해서 돈방석에 앉게 되면 저에겐 뭐가 좋지요?"

"그럼 아무 걱정하지 않고 가족과 식사하고 오후엔 가벼운 낮잠과 저녁엔 친구들과 근사한 시간을 보낼 수 있겠지요"

"음, 전 이미 지금 그렇게 하고 있는데요."

농촌은 펑펑 돈을 쓸 수 있는 그런 곳이 아니다.

7계명

농촌에 농민만 사는 것이 아니다

단언컨대, 역사 이래로 시골에 농민만 살았던 적도 없었고 농민이 농사만 지었던 적도 없었다. 통계자료로 살펴보자, 일제강점기인 1930년 군지역의 15세 이상 인구는 1,193만 명이고 65% 정도인 757만 명이 농수산분야에 취업하고 있었다.[15] [16] 그 시기 시골에도 농사가 아닌 다른 일을 하는 사람이 꽤 있었다. 2020년 읍면부의 15세 이상 인구는 489만 명인데, 농림어업 종사자는 92만 명으로 18.6%를 차지하고 있다. 그때와

---

15. 1895년 갑오개혁 이후 전국을 8도 대신 23부 331군으로 나누고 23부에 관찰사를 두어 각 부에 10~20여 개의 군부를 다스리도록 했다. 대한제국 설립 이후 13개 도를 다시 만들어 광복까지 유지되었다. 그래서 일제강점기인 1930년에는 지금의 광역개념인 부를 없애는 대신 관찰사가 있었던 인구밀집 지역을 부라 하여 13도 21부 218군이 있었다. 1930년 인구통계자료는 부부과 면부의 인구를 나누어 조사하였다. (국가통계포털 http://kosis.kr 인구총조사 및 경제활동인구조사)

16. 1930년 전국의 농수산분야 취업자는 778만 명으로 15세 이상 인구 1,271만 명의 61%를 차지하고 있었다.

지금의 인구 통계분류가 달라 정확한 비교는 어려워도 예전에도 농촌에 농사를 짓지 않는 사람들이 꽤 있었고 지금 더 많아진 것은 분명하다.

　농민이 농사만 지었는지도 살펴보자. 통계청의 자료는 농가를 전업과 겸업으로 구분한다. 1960년에는 232만 농가 중 73.3%인 170만 농가가 전업이었는데, 2021년 103만 농가중 전업농가는 60만으로 58.4%로 줄었다. 겸업농가는 다시 수입의 농사비중에 따라 1종 겸업과 2종 겸업으로 구분한다.[17] 1960년 14.0%였던 겸업농가의 비중은 2021년 9.8%로 줄었고 2종 겸업의 경우 12.6%에서 31.8%로 늘었다. 농사를 짓더라도 다른 일을 병행하는 농가가 많아졌고 농사 이외의 비중도 커지고 있다. 2021년 전체 농가의 전업, 1종 겸업, 2종 겸업 비율을 연령별로 분석하면 〈그림 12〉와 같다. 농사를 시작하여 배우고 있는 30세 이하의 농가의 경우와 고령인 60세 이상 경

---

17. 1종 겸업 농가는 농업총수익이 농업외 수입보다 많은 농가이고 2종 겸업 농가는 농업총수익이 농업외 수익보다 적은 농가다..

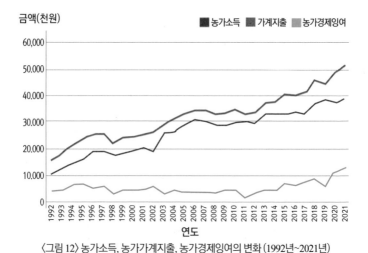

금액(천원)

■농가소득 ■가계지출 ■농가경제잉여

〈그림 12〉 농가소득, 농가가계지출, 농가경제잉여의 변화 (1992년~2021년)

우 전업 비율이 높으나, 경제적 수입이 어느 정도 보장되어야 하는 30세에서 59세의 경우 겸업 비율, 특히 2종 겸업 비율이 높은 것을 알 수 있다.

왜 전업농이 점점 없어지는 것일까? 이미 충분한 전업농이 육성되었기 때문일까? 전업농을 하고 싶어도 그만한 경작지가 없는 것일까? 혹 다른 이유가 있는 것일까? 농가의 농업소득을 도시근로자 가구와 비교하면 이를 추정할 수 있다. 30년 전인 1992년 전업농가의 농업소득은 892만 원으로 가계지출 927만 원의 96.6%를 차지했으나 2021년 전업농가의 농업 소득은 1,823만 원으로 가계지출 2,962만 원의 61.5%에 지나지 않는다. 이 금액은 2021년 도시근로자의 근로소득 5,967만 원의 30.5%에 지나지 않는다. 전업농이 줄어들고 있는 이유는 바로 농사짓는 일이 돈이 되지 않아 생계를 유지하기 어렵기 때문이다.

　실제로 농촌에서 농사로 돈을 벌어 산다는 것은 쉽지 않다. 그래서 정부는 2018년, 청년 농부에게 '청년 영농정착 지원금'으로 매달 80만 원에서 100만 원을 지원했다. 이 지원금이 외제 자동차 수리비, 백화점 명품구매, 고가의 가구와 가전제품 구입에 사용되어 취지에 어긋났고 도덕적 해이가 있다는 언론의 보도가 있었다.[18] 이 뉴스에 대해 농촌 현장에서는 일부 청년들의 일탈이며, 청년들이 농촌에서 농사를 짓도록 하려면 그래도 이 정책이 필요하다는 의견이 많았다. 청년 농부의 선발과 지원금 사용 절차를 보완하여 이 정책을 계속 유지

---

18. SBS뉴스, '청년 농부 지원금으로 명품구매... 엉뚱하게 샌 세금'(2018.10.8.)

하자는 것이다. 하지만 이 지원정책의 효과는 미지수이다.

그 이유를 살펴보자, 2021년 2인 농가의 평균 가계지출은 3,025만 원이다. 2인 농가에는 고령 부부가 포함되어 있어 청년 부부라면 더 많은 지출을 하겠지만, 일단 3,000만원으로 가정해보자. 정부가 매달 100만 원을 지원하면 지출 3,000만 원에서 지원금 1,200만 원을 뺀 남은 금액인 연간 1,800만 원을 농사로 벌어야 한다. 평균 농업소득은 1,296만 원이고 2인 농가의 평균농업소득은 1,220만 원이니 이 금액과 벌어야 하는 금액의 차이가 크다. 심지어 이는 최소 금액으로 가정한 것이다. 따라서 지원금 몇 푼으로 농사로 생계를 이어갈 청년들의 경제적 문제를 해결할 수 없다. 통계자료에 의하면 1,200만 원을 지원해 가계지출을 감당할 수 있는 농업소득을 만들 수 있는 농가, 즉 가계지출에서 농업소득을 뺀 금액이 1,200만 원보다 적을 가능성이 있는 농가는 5ha^{약 15,000만 평} 이상을 경작하는 대농이었다. 이 지원사업이 농촌의 '금호미'[19]를 위한 사업

19. 부모가 대농이어서 농지를 걱정하지 않고 농사를 시작하는 청년들을 도시의 금

이라는 비판은 여기에 기인한다.[20] 농사를 지을 수 있는 청년 농부를 잘 선정하면 될 수도 있다. 아동수당을 지급하면서 상위 10%를 제외하기 위해서 지원금의 반 이상을 행정비용으로 쓴 경험으로 볼 때 '성실한 청년 농부'를 선정하는 일도 쉬울 리 없다.

그럼 어떻게 해야 할까? 적은 농지 규모에도 수익을 높이는 방법, 농사에 들어가는 비용을 줄이는 방법, 농촌에서 돈을 덜 쓰는 방법 등 다양한 방안이 있다. 하지만 가장 현실적인 대안은 겸업, 즉 부업을 찾는 일이다.

논산시의 특화작목은 딸기이다. 딸기는 200평 하우스 한 동에서 대개 2,000만 원 정도의 매출을 올린다. 이 정보를 알고나면 대부분 이렇게 생각한다. '하우스 5개 동을 지으면 매

수저를 빗대 금호미라고 부르기도 한다. 금수저는 그저 해놓은 밥을 먹으면 되지만, 농촌의 금호미는 호미를 잡고 부지런히 일해야 밥을 먹을 수 있다는 의미란다.

20. 더불어 생각해볼 수 있는 문제점은 쉽게 얻는 소득으로 쉽게 돈을 쓰는 생활방식에 익숙해지는 것이다. 농가지출을 줄이기 위한 노력을 등한시하고 이웃과 마을과 지역에서 함께 사는 방식마저 도외시한다면 해답은 점점 멀어질 것이다. 이러한 이유로 나는 농민기본소득이나 농민수당과 같은 직접 소득지원제도의 도입은 지역경제와 지역사회에 미치는 영향을 고려해 신중하게 선택해야 한다고 생각한다.

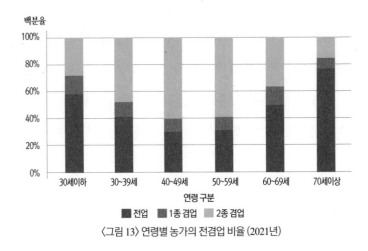

백분율

〈그림 13〉 연령별 농가의 전겸업 비율(2021년)

출이 1억 원이고 반 정도는 남겠지, 천 평이 조금 넘는 밭을 사고 하우스 시설을 지원받는다면 적은 투자로 귀농할 수 있겠다.' 그러나 하우스 5개 동의 딸기 수확기 4~5개월간 부부 합산 노동시간은 하루 30시간을 훌쩍 넘어간다. 1년을 해보면 집안 살림도 챙기지도 못하고 아이들을 건사하는 것도 쉽지 않다. 부부는 부업을 찾기로 한다. 부인이 읍내 식당에 나가 집안을 건사하고 농사는 남편이 맡는다. 하지만 농사를 혼자 감당할 수 없어 외국인 근로자를 고용한다. 다시 1년 뒤 계산해보면 인건비 지출 때문에 농업소득은 반으로 줄어든다. 처음부터 부업을 계획하고 농사는 하우스 2개 동으로 시작하는 것이 현명하지 않았을까? 시골에 살겠다고 농사에 올-인하는 것은 어리석은 일이다.

그리고 귀농 정책을 영농중심으로 추진하는 것도 이해할 수 없는 일이다. 돈 잘 버는 농민을 많이 만든다고 농촌이 살아나지 않는다. 하지만 적절한 소득이 있는 농촌을 만들면 농업을 살릴 수 있다. 땅을 지키는 농부를 많이 만들 수 있다.

농촌에 농민만 사는 것이 아니며, 농부가 되었다고 농사만 지어야 하는 것도 아니다.[21]

---

21. 1930년대 농민이 농사로 번 돈으로 모든 생활을 꾸려가지 않았을 것이다. 지금에 비하면 농촌에서 화폐 경제가 차지하는 비중이 높지 않았을 것이고 생활의 필요를 스스로 해결하거나 마을 공동체에서 화폐를 주고받지 않고 해결했을 것이다. 농촌에 대한 지원과 농촌에서 공동체 활동이 필요한 이유가 나는 여기에 있다고 생각한다.

8계명

농촌에도 할 일은 많다

시골에는 일자리가 없다고 이야기한다. 통계자료⟨표 14⟩로 살펴보자. 2020년 동지역과 읍면지역의 일자리를 비교해보면 15세 이상 1,000명당 취업 일자리가 읍면부에 조금 많은 것으로 나타난다.

⟨표 1⟩ 도시지역과 농촌지역의 일자리 비교

구 분		동부	읍면부
15세 이상 취업인구 (명)		35,649,994	8,321,384
근무지 기준 취업인구 (명))	전체	20,131,994	5,707,574
	농림어업	168,140	943,147
	건설·제조업	4,489,158	1,735,431
인구 천명당 취업 일자리 (개)	전체	565	686
	농림어업	5	113
	건설·제조업	126	209

인구 대비 취업 일자리 수가 많지만 왜 농촌에 일자리가 없다고 느끼는 것일까? 〈표 1〉에서 보듯이 농림어업분야의 비중이 크고 다른 일자리는 인근 도시에 사는 사람들이 이미 고용되어 있기 때문일 것이다. 건설·제조업 비중이 높지만, 도시에서 이주한 경우 경력, 적성, 임금, 근무조건, 농사와 겸업 가능성 등에 있어서 적절한 일자리를 찾기 어려운 미스매치Miss Match를 더욱 심하게 느낄 것으로 보인다.

하지만 일자리에 대한 생각을 조금 바꾸고 농가 경제의 대안을 연결하면 농촌 일자리에 대한 대안을 상상할 수 있다. 농가 경제에 대한 검은 상자 접근법을 다시 소환하자.〈그림 9〉 검은상자 접근법에서 살펴본 것처럼 농가소득을 높이기 위해서는 농업 총수입과 농업 외 수입을 높이거나 농업경영비와 가계지출을 줄여야 한다. 농업 총수입을 늘리기 위해서는 농사의 규모를 키우거나 돈이 되는 작목을 찾아야 하지만 투자비가 필요하고 성공이 보장되어 있지 않다. 그래서 농업외 소득, 즉 부업이 좋은 대안이라고 앞서 이야기한 바 있다. 농업경영비는 여하튼 최대한 줄여야 한다. 하지만 적정 수준이 되면 그 이상 비용을 줄이기 어려울 것이다. 그러면 이제 가계지출을 줄이는 것이 남는다. 첫 번째 선택은 자발적 가난이다. 개인차도 있을 것이고 농업경영비와 같이 적정 수준이 되면 추가적인 효과를 기대하기 어려울 것이다. 이러한 한계를 극복하는 두 번째 방법은 필요한 것을 싸게 구할 수 있거나 공짜로 구할 수 있으면 된다.

여기서 농외소득 만들기와 가계지출 줄이기를 연결해보자. 즉 농촌에 필요한 것을 저렴하게 생산, 공급하는 과정에 참여하여 농외소득을 얻으면 된다. 이렇게 하면 어떤 주민에게는 농외소득의 일자리가 만들어지고 그 상품의 가격이 도시에 나가서 구하는 것보다 싸면 다른 주민은 지출을 줄이게 될 것이다. 하나의 일로 돈을 벌고 그 돈으로 필요한 것을 사서 쓰는 방식으로 바뀐 농촌경제는 인근 도시경제에 편입되었다. 그래서 더 많은 시간과 비용을 지출하면서 더 먼 곳에서 생산한 것을 소비한다. 농촌에서부터 생각을 바꾸어 도시가 필요한 것을 생산하는 것에 초점을 맞추는 것이 아니라 내가 사는 농촌에 필요한 것이 무엇인지 생각해보자.

그런데 이렇게 스스로 필요한 것을 생산한다고 지출을 줄일 만큼 가격이 싸질 수 있을까? 도시에서는 적정한 수요가 확보되고 적정한 규모 이상이 되어야 무언가를 생산할 수 있다. 이는 비싼 지대를 내야 하고 일정 수준 이상의 규모를 유지하기 위해 고용하기 때문이다. 또한, 적정량을 팔기 위한 홍보와 마케팅도 필요하고 여타의 고정비용이 상품 가격에 포함된다.

농촌의 경우 상대적으로 땅값이 싸고 그 덕에 사업의 규모와 운영방식을 유연하게 할 수 있다. 예를 들어 식당이라면 요일을 정해서 운영할 수도 있고 점심시간에만 운영할 수도 있다. 업종에 따라서 상시 고용하지 않고 일감이 있을 때 고용하는 것도 가능하다. 전업이 아닌 부업이라면 그 선택의 폭은 더 넓어진다. 또 고객은 일정 범위 내에 있거나 이미 알고 있는 사람일 수 있어 영업비용을 줄일 수 있다.

저렴하게 필요를 해결하는 확실한 방법은 생산과정에 직접 참여하는 것이다. 이른바 공동체 방식으로 해결하는 것인데, 완주군 고산면의 숟가락 공동육아 협동조합이 대표적인 사례이다. 아이 돌봄이 필요한 부모가 모여 협동조합으로 어린이집을 운영한다. 하지만 다른 어린이집처럼 보육교사가 많지 않다. 조합원이자 부모들이 요일별로 돌아가면서 아이들을 돌본다. 그만큼 적은 비용으로 운영되지만, 만족도는 더 높다.

이러한 방식을 커뮤니티 비지니스Community Business라 한다. 커뮤니티 비즈니스는 ① 지역이 당면한 문제에 대하여 ② 지역 주민이 주체가 되어 ③ 지역에 존재하는 자원을 활용하여 ④ 비즈니스의 형태로 ⑤ 그 문제를 해결해 나가는 사업이다. 영국의 농촌 지역을 활성화하기 위해 시도된 방법인데 일본에서도 다양한 방식으로 적용되었고 2000년대 초반 우리나라에 도입되어 다양한 실험이 이루어졌다. 그 대표적인 곳이 바로 완주군이다. 완주군은 2010년 완주커뮤니티비지니스센터를 설립하여 로컬푸드와 함께 커뮤니티비지니스를 통해 농촌의 다양한 사회문제와 일자리 부족의 문제를 동시에 해결하고자 하였다. 그 성과는 사회적경제로 확장되어 작은 규모의 농사로도 귀농할 수 있는 지역, 농사뿐 아니라 다양한 일자리가 있는 지역, 농촌 사회적경제 1번지로 알려지게 되었다.

2022년 7월, 완주군에는 협동조합 168개, 사회적기업 25개, 마을기업을 포함한 마을공동체 41개, 자활기업 5개가 65개의 창업공동체 및 2개의 지원조직과 함께 사회적경제 생태계를 구축해 2,800여 개의 일자리를 유지하고 있다. 초기에는 농촌이니만큼 농림어업분야의 비중이 높았으나 최근에는 교

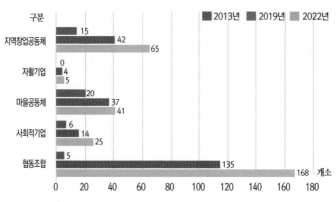

〈그림 13〉 완주군 사회적경제 조직 현황 (2013, 2019, 2022년)
*출처: 완주군 소셜굿즈센터 주변개발 및 활성화 방안보고서(2022)

육 서비스, 사회복지, 문화예술 등 다양한 분야로 확장하고 있다. 방과후학교를 운영하는 협동조합이 있어 학부모들이 일하고 있고 좋은 소식만 싣는 월간지를 발간하는 협동조합 신문사도 있으며 시골살이를 경험하고자 하는 도시 청년들과 문화예술 활동을 하는 단체, 사회적 농업을 통해 노인을 돌보는 농장, 지역의 아이들이 지역에 남을 수 있도록 일자리 탐색을 돕는 교육기관, 장애인의 일자리를 만들며 자립을 돕는 카페와 식당, 지역의 자원을 활용하여 도시민의 여가 프로그램을 운영하는 관광회사, 에너지 자립을 위한 적정기술을 보급하는 사회적협동조합 등 여러 사회적경제조직이 다양한 일을 만들어가고 있다.

농촌도 자세히 들여다보면 할 일이 많다.

농촌에 오면 덜어내야 산다

이제 실제 농촌으로 온 사람들의 현황을 살펴보자. 〈표 2〉
에서 2021년 귀농인, 귀촌인 각 3,000가구를 대상으로 조사한
소득 관련 내용을 농가 평균과 비교해보았다. 귀농인의 농업
소득은 농가 평균보다 높으나 귀농인, 귀촌인의 가구소득은
농가 평균보다 낮았다. 눈여겨 봐야 할 것은 첫째, 귀농·귀촌
인의 가구소득이 높지 않다는 것, 둘째, 귀농인의 농업소득이

〈표 2〉 2021년 농가평균, 귀농인, 귀촌인의 경제관련 지표

지표	농가	귀농인	귀촌인
가구소득	47,759,000	32,770,000	38,450,000
농업소득(원)	12,961,000	16,400,000	870,000
소비지출(원)	27,520,000	20,520,000	24,480,000

통계청의 귀농귀촌실태조사는 월 평균생활비를 조사한 것이어서
일반농가의 소비지출과 정확하게 같은 의미를 갖는다고 보기는
어려우나 개략적인 비교는 가능하다고 보았다.

일반농가가 비해 다소 높더라도 농업소득만으로 소비지출을 감당하지 못하고 있다는 것, 셋째, 귀촌인의 가구소득이 귀농인보다 높다는 것이다. 앞서 이야기한 것이지만 농촌에 살려면 덜 쓰는 방법을 찾아야 하고 농사를 짓는다면 적절한 규모를 찾고 농사와 병행할 수 있는 일을 해야 한다.[22]

  그럼, 귀농하는 사람들은 어느 정도 규모의 농사를 짓고 있는 것일까. 귀농한 9,636가구에 대해 2021년 조사한 실태조사결과에 따르면 0.5ha^{약 1,500평} 미만이 85.5%를 차지했고 0.5ha~1.0ha^{약 1,500~3,000평}가 11.6%로 대부분 1ha 이하의 작은 규모의 농사를 짓고 있다. 2021년의 단위면적당 평균 농업소득을 적용하면 500만 원에서 2,000만 원 정도의 농업소득을 올렸을 것으로 예상할 수 있다.[23] 농업소득 이상의 소득이 필

---

22. 농사를 주업으로 하지 않고 농촌으로 이주한 경우 귀촌인의 통계에 포함되기 때문에 귀촌인의 농업소득은 크지 않다. 하지만 농사가 경제적인 수입이 되지 않더라도 식량의 자급을 통해 지출을 줄이는 역할을 할 수 있어 귀촌의 경우도 적절한 규모의 농사를 짓는 것이 바람직하다.

23. 단위면적당 농업소득의 평균을 1ha에 적용하면 농업소득은 1,090만 원, 작목중 단위면적당 농업소득이 높은 화훼, 과수를 적용하면 1ha에서 2,124만 원, 1,624만 원이 된다.

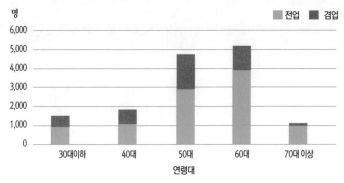

〈그림 14〉 귀농인의 전겸업 비율 (2021년 14,461명 표본 조사)

요한 귀농인들은 당연히 겸업을 고민했을 것이다. 〈그림 14〉
는 2021년에 귀농한 14,461가구를 대상으로 농사에 전업하
고 있는지, 농사 이외에 다른 일을 하고 있는지를 조사한 것이
다. 전체적으로는 32.1%가 겸업을 하고 있고 30~50대의 겸업
비율은 36~43% 수준이었다. 또 귀농인에 대한 다른 조사에서
문화, 의료, 편의시설 등의 농촌 인프라 부족 다음으로 적거나
불안정한 소득을 두 번째 불만족 요소로 꼽고 있어 겸업을 희
망하는 귀농인의 비율은 꽤 높을 것이다.

귀농·귀촌인들은 농사 이외에 어떤 일을 하고 있을까. 〈표
3〉은 2021년에 귀농인, 귀촌인 각 3,000가구를 대상으로 농사

이외에 선택한 경제활동의 빈도와 그 비중 5순위를 순서대로 정리한 것이다.

〈표 3〉 2021년 귀농·귀촌인의 비농업경제활동의 빈도와 비중

지 표	귀농인	귀촌인
비농업 경제활동 선택 빈도 5순위 (%)	■ 일반직장 취업 (24.7)	■ 일반직장 취업 (59.8)
	■ 농업 임금노동 (22.2)	■ 자영업 (25.9)
	■ 농산물 가공, 판매 (21.1)	■ 임시직 (5.6)
	■ 자영업 (19.2)	■ 비농업 일용직 (2.1)
	■ 임시직 (16.9)	■ 농업임금노동 (1.6)
비농업 경제활동 비중 5순위(%)	■ 일반직장 취업 (22.9)	■ 일반직장 취업 (50.4)
	■ 농업 임금노동 (18.8)	■ 자영업 (20.3)
	■ 자영업 (18.1)	■ 임시직 (4.6)
	■ 임시직 (14.7)	■ 비농업 일용직 (1.5)
	■ 농산물 가공, 판매 (11.0)	■ 농업임금노동 (1.0)

어느 경우이든 일반직장 취업이 1위이다. 하지만, 이러한 일자리가 농촌에서 충분하지 않은 것이 문제이다. 귀농인들은 농업 임금노동을 많이 선택했고 비중도 높다. 귀농·귀촌인 모두에 있어서 선택 빈도도 어느 정도 차지하고 비중도 높은 일은 자영업이다. 모두 그러하지 않겠지만 자영업은 농사와 병행할 수 있고 농촌에 어느 정도 수요가 있는 일이 찾을 수 있

는 가능성이 높다.

농사 이외의 경제활동에서의 어려움도 조사를 했는데, 지식이나 기술의 부족, 일을 할 수 있는 기회의 부족, 관련 정보의 부족, 시설, 교통 등 농촌의 인프라 부족, 자본금 부족 등을 꼽았다. 어려움이 없었다는 응답 비율이 높은 것을 보니 미리 준비하고 농촌에 온다면 농사 이외의 다른 경제활동을 하는 것이 어려운 일만은 아닐 것이다.

〈표 4〉 2021년 귀농·귀촌인의 비농업경제활동에 대한 어려움

지 표	귀농인	귀촌인
비농업 경제활동 선에서의 어려움 5순위 (%)	■ 어려움 없음 (35.5)	■ 어려움 없음 (47.4)
	■ 지식, 기술의 부족 (10.7)	■ 인프라 부족 (13.3)
	■ 기회와 정보부족 (12.9)	■ 지식, 기술의 부족 (29.2)
	■ 자본금의 부족 (5.2)	■ 기화와 정보부족 (7.7)
	■ 인맥(네트워크) 부족 (2.9)	■ 시간의 부족 (7.4%)

농촌에서 할 수 있는 일 중에 내게 맞는 일은 무엇일까? 내가 할 수 있는 일이 무엇일까? 그러한 일을 찾아야겠지만 그전에 먼저 초심으로 돌아갈 필요가 있다. 왜 농촌에 가려고 하는가이다. 〈표 5〉는 2021년 귀농·귀촌한 사람들의 동기를 조

사한 내용이다. 귀농인도 농업의 비전 및 발전 가능성을 보고 농촌에 들어왔다는 비율은 높지 않다. 귀촌인의 농산업 분야 취업이 높은 비율을 차지하지만, 귀농·귀촌의 공통적인 이유 는 자연환경이 좋아서, 가족 및 친지와 같이 살기 위해서, 건강 을 위해서, 정서적으로 여유로운 생활을 위해서이다.

〈표 5〉 2021년 귀농·귀촌인의 귀농·귀촌 이유

지 표	귀농·귀촌 이유 상위 5위 (%)
귀농인	■ 자연환경이 좋아서 (29.3%)
	■ 가업 승계를 위해 (19.5)
	■ 농업의 비전 및 발전 가능성 (18.6)
	■ 가족 및 친지와 가까운 곳에서 살기 위해 (11.7)
	■ 본인과 가족의 건강 상의 이유 (7.6)
귀촌인	■ 농산업 분야 외 직장 취업 (27.2)
	■ 정서적으로 여유로운 생활을 위해 (15.8)
	■ 자연환경이 좋아서 (12.7)
	■ 저렴한 집값 때문에 (8.5)
	■ 가족 및 친지와 가까운 곳에 살기 위해 (7.7)

* 비싼 도시생활비, 도시생활에 대한 회의, 실직이나 사업의 실패,
  자녀교육을 위해 등의 이유가 있었으나 응답 비율은 높지 않았다.

농촌으로 가기만 하거나 귀농해 농사를 시작하면 내가 원 하는 귀농·귀촌 생활이 시작될 것으로 생각한다. 하지만 이는

착각이다. 노력한다면 서울이나 대도시에서도 자연환경이 좋은 곳에서 건강을 지키며 가족과 함께 정서적으로 충분히 여유로운 생활을 할 수 있다. 다만 농촌이 이러한 조건에 접근하기 쉬운 환경을 가지고 있을 뿐이다. 따라서 농촌에서도 꿈꾸는 생활을 원한다면 그에 따른 노력이 필요하다는 것이다. 돈도 벌어야 하고 농촌에서 얻고자 했던 것에도 다가가야 한다. 그때 필요한 노력 중에 가장 중요한 것은 덜어내기이다.

예전에 귀농하려면 어디로 가면 좋겠냐고 묻는 사람에게 사는 도시에서 멀리 떨어진 곳이면 어디든 좋다고 이야기하곤 했다. 살던 곳과 가까우면 수시로 친구들 만나러 가고 친지들의 대소사를 챙겨야 하며 가까운 만큼 찾아오는 사람들도 많기 마련이다. 그러면 농사에 집중하지 못하고 더불어 지출을 늘린다. 도시생활에서 하던 인간관계는 덜어내야 한다. 그래야 자연을 더 즐기고 자신의 건강을 돌보고 가족을 챙길 수 있다. 그리고 여유로운 생활이 가능해진다. 그래서 멀리 가라고 이야기했었다.

덜어내야 하는 것 중에 가장 으뜸은 화폐적 풍요이다. 풍요의 기준은 사람마다 다르다. 버려야 할 것은 화폐적 풍요가 필요하다는 생각인데, 지나치면 이 생각이 압박이 된다. 그리고 이 압박이 많은 것을 망친다. 나 자신의 건강, 가족과의 유대, 주변의 아름다운 자연 등 돈을 주고도 얻을 수 없는 것들은 놓치게 한다. 더 나아가 이웃과의 관계도 내던진다. 여기까지 도달해 그 모든 것을 얻을 수 없는 막다른 골목에서 다시 도시로 간다. 이러한 암울한 상황을 만들지 않으려면 자신만의 화폐적 풍요의 기준을 정해야 한다.

이 기준을 정할 때 도움이 되는 말은 바로 다운 시프트Down Shift이다. 자동차의 기어를 고단에서 저단으로 바꾸어 속도를 줄이는 것을 말하는데, 소득이 적더라도 삶의 만족을 찾기 위해 전환하는 것으로 그 의미를 확장했다. 즉 자동차의 속도를 늦추듯이 금전적 수입과 승진에 쫓기느라 숨가쁘게 돌아가는 바쁜 일상에서 벗어나 생활의 여유를 가지고 즐기는 것을 말한다. 주말 및 야간근무를 마다하지 않고 자신을 하나의 상품으로 여기며 오로지 자기개발에 몰두하는 예티Yettie와

반대의 개념이라 할 수 있다.[24] 다운시프트의 발목을 잡는 것은 자녀다. 자녀의 미래의 행복을 위해 나의 현재 행복을 저당 잡히지 않아야 한다. 그건 자녀들도 원하지 않는 일이다. 건강한 재무 컨설턴트는 자식의 문제를 부모가 온전히 감당하지 말라고 주문한다. 20세 성년이 되었다면 가족의 재무상황을 아이들과 공유하고 분담할 수 있는 부분을 상의하고 역할을 나누어 맡아야 한다는 것이다. 그래야 자녀들도 건강한 경제에 대한 생각을 가지게 되고 가족 모두가 돈으로부터 자유로운 행복을 찾을 수 있다는 것이다.[25] 지나치게 자녀들을 위해 무언가를 해야 하고 남겨놓아야 한다고 생각하지 않았으면 좋겠다.

아래의 표를 작성해보자. 가장 핵심은 월수입이다. 내가 벌어야 하는 적정한 수준의 화폐량을 정하면 된다. 기본적인

---

24. 젊고(young) 기업가적인 기질(entrepreneurial)을 가지고 있으며 기술에 바탕을 둔(technology-based) 인터넷 엘리트(internet elite)를 의미한다.

25. 재무컨설팅을 하는 사회적기업 에듀머니의 대표였던 국회의원을 한 제윤경의 말이다. 『아버지의 가계부』, 제윤경, 2012, 부키

지출을 생각하고 지나치지 않는 자녀의 몫과 노후를 대비해 어느 정도의 자산도 배려해야 한다.

〈표 6〉 다운시프트를 위한 월수익 계획하기

시기	20–30대	30–40대	40–50대	50–60대	60–70대	70대이후
돈을 벌기 위해 일하는 시간(1일)	시간	시간	시간	시간	시간	시간
나를 위해 쓰는 시간(1일)	시간	시간	시간	시간	시간	시간
가족을 위해 쓰는 시간(1일)	시간	시간	시간	시간	시간	시간
월수입	원	원	원	원	원	원
자산(동산)	원	원	원	원	원	원
자산(부동산)	평	평	평	평	평	평

하지만 나를 위한 시간과 가족과 함께 하는 시간을 돈 버는 시간에 빼앗기지 않아야 하니 이를 가장 중요하게 반영해야 한다. 세심하게 작성한 표대로 현실에선 구현되지 않을 수 있다. 이 표의 역할은 지나친 화폐적 풍요에 대한 바리게이트이다. 젊은 시절에 그랬듯이, 도시에서 했듯이 근거와 기준 없이 무조건 돈을 벌어야 한다는 생각을 버리게 될 것이다. 일단 다운시프트를 위한 계획을 세웠으니 농촌 생활을 해나가면서

상황에 맞추어 조금씩 수정하며 현실이 되도록 하면 된다. 화폐적 풍요의 기준을 낮출수록 화폐로 살 수 없는 다른 풍요가 찾아온다는 것을 잊지 않으면서 말이다.

농촌에선 덜어내야 풍요로워진다.

10계명

농촌에 오려면 가슴의 소리를 들어라

2010년을 기점으로 농촌에 청년들이 보이기 시작했다. 2021년 통계에 따르면 30대 이하의 청년 비율이 귀농인 중에는 10.5%, 귀촌인 중에는 46.8%를 차지한다. 예전에는 일자리도 없고 살기 힘들다며 농촌을 떠났던 청년들이 거꾸로 농촌으로 오고 있다. 도시보다 농촌이 더 살기 좋아진 때문은 아닐 것이다. 도시가 더 살기 어려워진 탓이리라. 다니엘 튜더는 2002년 한일월드컵이 벌어지던 때에 대학생으로 한국에 있었다. 한국에 매료된 그는 이코노미스트의 기자가 되어 2010년 한국특파원으로 다시 왔다. 하지만 기자의 눈으로 본 한국은 월드컵에서 질서정연하게 열광하던 나라가 아니었다. 그는 한국은 전 세계에서 경쟁이 가장 심한 나라라고 꼬집고 있다.[26]

---

26. 『기적을 이룬 나라 기쁨을 잃은 나라』, 다니엘 투더, 문학동네, 2013.

그나마 경쟁이 공정하기라도 하면 좋으련만. 이미 운동장은 기울어져 있고 기울어진 운동장의 아래에서 출발한 사람은 중간에서 출발한 사람을 도저히 따라잡을 수 없다. 그래서 아무리 열심히 공부해도 좋은 대학에 갈 수 없고, 좋은 대학에 갔다 해도 좋은 직장에 갈 수 없고, 좋은 직장에 들어갔다 해서 평생 일할 수 없고, 평생 일한다 해도 행복해지지 않는 사다리가 걷어 차여진 사회가 되었다. 더 이상 그 기울어진 운동장에서 뛰기를 포기한 청년들이 농촌으로 오고 있다.

청년들이 내가 일하는 완주를 찾아왔다. 하지만 자신의 결정을 확신하지 못해 불안해 보였고 사회에 적응하지 못한 낙오자라는 생각에 다른 사람의 눈길을 피할 만큼 자존감이 낮았다. 그들에게 용기와 희망을 주고 싶었다. 농사는 수천 년을 지속한 것이고 누구든 먹고살아야 하니 절대 없어지지 않을 것이며 농사와 관련된 일을 찾아내면 잘릴 걱정 없이 평생 일할 수 있다고 말했다. 40대 중반만 넘어가면 퇴직을 걱정하는 도시의 친구들보다 훨씬 더 나은 선택을 한 당신들은 끌끌

한 청년들이라 부추겼다.

하지만 어느 날 인터넷 동영상을 보니 인공지능과 로봇이 농사를 짓고 있는 게 아닌가! 이제 농부도 없어지겠구나 싶어 눈앞이 깜깜했다. 농촌을 찾아오는 청년들에게 이제 무어라고 해야 할지, 노후에 소규모 농사라도 지어볼까 했는데 나는 무엇을 해야 할지 한동안 우울과 혼란에 빠졌다. 인공지능과 로봇은 농부만 위협하는 것은 아니었다. 사고가 나지 않는 인공지능 자동차는 운전기사뿐 아니라, 자동차 공업사도 없애고 보험사도 없앨 것이란다. 더 나아가 자동차를 공유하니 많이 만들지 않아도 되고 폐차할 일도 없으니 자동차 공장도 문을 닫아야 한단다.

그런 시대에 사람들은 무엇을 하고 살까? 그런저런 생각과 불안한 혼돈의 터널에서 오랜 친구이자 동지인 김성원을 만났다.[27] 이런저런 이야기를 하다가 자신의 집짓기 강좌를

---

27. 김성원은 장흥으로 귀농하여 자신의 집과 인근에 귀농한 이웃의 집을 스스로 지으며 생태건축을 연구하고 생태건축 교육 프로그램을 운영하였다. 지금은 베틀 직조, 놀이터 만들기, 흙미장, 대장간 등 손으로 하는 모든 것에 관심을 가지고 연구하

수강한 사람 중에 집을 지은 사람이 얼마나 될지를 나에게 물어봤다. 그의 답은 2%였다. 그런데 그가 말하고자 했던 건 집을 지을 계획도, 집을 지을 돈도 없는데, 그걸 배우기 위해 찾아오는 사람들이 있더라는 것이었다. 그는 그 이유를 두고 며칠을 고심하다가 어느 날 깨달았다고 한다. '건축본능!' 인류가 생겨난 이래로 자신과 가족들을 위해 무언가를 짓고 만들었던 경험이 유전자 속에 축적되어 있다는 것이다. 그래서 그 일을 할 때 가장 즐겁고 행복하다는 것이다. 그래서 집 지을 일이 없는 사람들이 그 학교를 찾아온 것이란다. 오호라.

맞다! 우리에게는 본능이 있다. 경작본능, 매연이 심한 도시의 자투리땅에, 오고 가는 기름값이 더 비싼 주말농장에 고춧대를 심는 이유가 있었다. 목축본능, 그 좁은 아파트에 대소변과 날리는 털에도 강아지를 키우는 이유가 있었다. 요리본능, 공작본능, 노래하는 본능, 춤추는 본능. 본능으로 하는 일

고 실천하고 있는데 '생활기술과 놀이멋짓연구소'를 운영하고 있다. 『점화본능을 일깨우는 화덕의 귀환』(2011), 『시골, 돈보다 기술』(2017), 『마을이 함께 만드는 모험 놀이터』(2018)의 저자이기도 하다.

은 아마도 인공지능과 로봇이 대체하지 못할 것이다. 로봇과 인공지능이 많은 일을 하는 세상이 되면 오히려 본능이 만들어 낸 것은 변별되고 더 존중받게 될 것이다.[28] 그렇게 앞으로 많은 직업이 없어지겠지만, 우리의 삶은 본능에 의해 소중하게 유지될 것이다.

귀농·귀촌과 관련된 강의를 하면 농사를 짓고 싶어 안달이 난 사람이 있느냐 물어본다. 아주 간혹 손을 드는 사람이 있기는 하지만, 대부분은 고개를 좌우로 흔든다. 많은 돈을 벌지 않아도 될 것 같아서, 열심히 하면 그래도 생활을 할 수 있을 것 같아서, 내 맘대로 일해도 되니까, 조직 생활을 하지 않아도 될 것 같아서, 농사와 시골살이를 결심한다. 맞기도 하지만 틀렸다. 이런 일이 시골에 왔다고 그냥 주어지는 것이 아니

---

28. 요리를 하는 3D프린터가 있다고 한다. 이 프린터가 만든 일정한 맛의 돈가스와 사람이 만들어 맛이 정하지 않는 돈가스가 같은 가격이라면 나는 사람이 만든 돈가스를 먹을 것이다. 아니 더 비싸도 먹는다. 유사한 현상은 이미 일어나고 있다. 더 싸고 다양한 빵을 만드는 프랜차이즈 빵집이 생기면서 동네의 영세한 빵집은 다 문을 닫을 거라 했지만 지금은 식빵만 만들고 케이크만 만들고 마카롱만 만드는 작은 빵집이 동네마다 생기고 있다. 그 작은 빵집의 파티쉐의 본능을 사람들이 인정하고 있는 것이 아닐까?

기 때문이다. 지금의 농사는 자본주의에 자유로울 수 없다, 본능이 돈을 버는 노동이 되면 고되고 지겨운 것은 마찬가지이다. 시골로의 이주만으로 안빈낙도를 위한 급행열차를 탄 것은 아니다. 이왕 사는 곳도, 사는 방식도, 하는 일도 바꾸기로 한 것, 어떻든 혁명에 가까운 노력을 해야 하니 좀 더 근본적으로 접근하자. 이왕 설국열차와 같은 쳇바퀴에서 뛰어내릴 거라면 종일 해도 지치지 않는, 죽기 직전까지도 할 수 있을 것 같은 그런 일, 잠시 하더라도 몰입하고 즐거움과 보람을 느끼는 그런 일을 찾아보자.[29]

그 일을 찾기 위해서 본능에 귀를 기울여야 한다. 내 가슴의 소리를 들어야 한다. 그 소리를 듣고 시골로 와야 한다. 그 소소한 저항과 자유, 본능의 연결을 넉넉하게 받아줄 수 있는

---

29. 진짜 직업은 언제 하던 일일까? 어쩌면 젊은 시절 가졌던 직업과 경험은 이후에 가질 진짜 일, 스스로 하고 싶은 일을 하기 위한 준비작업이고 인생의 마지막에 자신의 본능을 펼치기 위한 사전 과정일 수 있다. 세상이 변해도 변하지 않는 무언가는 있기 마련이다. 변하지 않고 할 수 있는 그런 일을 찾아야 한다. 우리 세대부터 그렇게 살아야 한다. 그래야 우리 아이들도 그렇게 인생을 설계하고 살아갈 것이다.

곳은 회색빛의 도시가 아니라는 것도 명확하니 말이다.

내 본능을 찾았다고 땅부터 알아보는 건 성급하다. 어느 농촌이든 땅이 있으면 농사는 지을 수 있지만, 농사만으로 충분한 필요를 해결할 수 없다. 그러니 본능과 연결된 일을 하기 위해서는 어디에 거주하는 것이 좋은지, 농사를 짓는다면 어느 정도 규모로 할지, 농산물은 어떻게 팔 것인지를 알아야 주택과 농지를 효과적으로 구할 수 있다. 더욱이 아무런 연고도 없는 사람이 농촌에서 좋은 땅을 만나는 것은 하늘의 별 따기보다 어렵기 때문에 더욱 그렇다. 농촌주민들은 좋은 땅을 부동산에 내놓기 전에 인근의 친지나 이웃에게 먼저 알린다. 인터넷의 부동산 정보에 올라온 땅은 주변에서도 외면하고 인근 부동산에서 잘 팔리지 않은 무언가 사연이 있는 땅일 가능성이 높다.

그래서 요즘은 귀농하겠다는 사람들에겐 지역을 정하면 읍내에 혼자 거주할 원룸을 구하라고 권한다. 그리고 원룸의 월세와 용돈을 감당할 정도의 아르바이트를 해야 한다. 의외로 농촌엔 다양한 아르바이트를 쉽게 구할 수 있다. 소일거리를 통해서 버는 돈도 요긴하겠지만, 일은 친구를 사귀기 위한 방편이다. 다양한 교육프로그램이나 모임에 나가는 것도 바람직하다. 이런저런 경로로 친해진 사람들에게 본격적으로 이주할 것이라 하면 대부분 발 벗고 나선다. 아직 농촌은 그렇다. 농촌의 이러한 측면을 뜬끔없이 주목하는 로컬Local과 구별해 로컬리티Locality라고 한다. 인문학자들이 근대적 이분법 구조 안에서 배제되었거나 묻혀버렸던 가치가 지역사회local에 남았다면서 "삶의 터로서의 공간과 거기에 살고 있는 사람들의 역사적 경험을 통해 만들어가는 다양한 관계성의 총체"를 로컬리티라 했다. 대도시에선 없어진 이 로컬리티가 농촌엔 아직 남아있다.

노동만이 일이 아니다. 좋아서 하는 일, 가치있는 일도 일이다. 사람이 태어나 돈버는 노동만 하다 죽는다면 이보다 불행한 일이 어디 있을까? 하지만 그런 삶을 살지 않으려고 본능을 찾았다해서 그 본능이 쉽게 자신의 일이 되지 않는다. 그렇게 쉬웠다면 이미 회색빛 도시와 팍팍한 자본주의 속에서 많은 사람들이 본능을 찾고 그 일을 하고 있지 않겠는가!

본능을 자신의 일로 만드는데 무엇이 필요할까? 기댈 수 있는 이웃이 있어야 한다. 믿을 수 있는 지역사회가 필요하다. 그러니 자기 본능만 찾아서 될 일이 아니다. 이웃과 지역사회를 위해 무언가 해야 한다. 농촌의 리민은 도시의 동민과 다르다. 차원이 다른 책임이 따른다. 마을의 환경정비를 위한 울력에 참여해야 하고 면민체육대회에선 옆집 아저씨와 바톤을 주고받으며 이어달리기를 해야 한다. 자주 보지도 못한 이웃의 대소사에도 얼굴을 비쳐야 하고 한 겨울에 경로당은 따뜻한지, 어르신들의 간식거리를 충분하지 신경을 써야 한다. 농촌 생활엔 로컬리티를 지키기 위한 이런 책임이 따른다. 대신 그 로컬리티는 내 본능을 펼칠 기회를 줄 것이다.

농촌은 우리의 본능을 품는다. 그래서 귀농만을 원하지 않는다.

제2부 귀농귀촌 7인의 본능찾기

전북 순창 김현희

반농반×, 다재다능 활동가, 공예본능

　그녀가 순창군 귀농귀촌지원센터에서 일했었다고 해서 언젠가 만난 적이 있지 않았을까 생각했다. 실제로 대면하니 어제 만났던 사람처럼 친근하고 익숙해 굳이 기억을 소환할 필요가 없었다. 첫 질문으로 순창에서의 7년을 물었다.

"5년 정도 되면 자리가 잡히고 7년 정도 지나면 무언가를 이루었을 것으로 생각했는데, 여전히 탐색하고 있다는 생각이 들어요. 하고 싶은 일도 많고 할 수 있는 기회도 보이거든요. 한 살이라도 어렸을 때 내려와 다양한 경험을 할 수 있어서 좋았어요. 아무래도 도시보다는 시골에 그런 기회가 많으니까요."

서울에서 태어나 서울에서 어린 시절을 보낸 현희씨가 귀농하게 된 계기는 시골에 있는 대안학교를 다녔기 때문이다. 그곳 산촌에서 아지랑이 피면서 봄 냄새가 나고 길가에 낙엽이 쌓이고 그렇게 계절이 바뀌는 것을 온전히 느낄 수 있었고 그런 삶이 풍요롭다는 생각을 했었다. 시골에 갇혀있다는 생각이 들 때면 학교 텃밭의 흙과 작물들이 현희씨를 위로해주었다. 대학진학 때문에 서울로 갔지만, 이렇게 많은 사람이 자연과 단절하고 사는 모습에 충격을 받았다. 그녀는 이건 아니라는 생각과 함께 언젠가는 시골에 가서 살아야겠다고 마음먹었다. 그래서였을까? 그녀는 전공 공부에 마음을 붙이지 못했다. 대신 집단농업 공동체인 이스라엘 키부츠에도 갔다 오고, 방학에는 산청, 합천, 부안 등 시골에 있는 공동체도 탐방하고, 학교 옥상에 텃밭을 만드는 일을 했다. 그렇게 시간이 흘러 졸업을 앞두고 무언가를 해야겠다 싶었다. 그래서 선택한 것이 전국귀농운동본부의 소농학교[30]에 다니는 것이었다. 1년 동안 주말마다 농사를 짓고 비슷한 관심을 가진 분들과 꾸준히 교류하고나니 이제 결행해야겠다는 결심이 생기더란다.

그녀가 시골에 가야겠다고 엄마한테 말했더니 "뭐 먹고 살려고 하니?"라는 질문이 왔고, "요양사라도 하면서 농사짓고 살지."라고 답했다. 이후로 친구처럼 지내던 엄마가 보름 동안 한마디도 말을 걸지 않더란다. 거창한 뜻이 있어서 시골에 가려는 것이 아니고 더 행복하려고 가는 것인데, 부모님과 원수가 되면서까지 내려갈 필요까지는 없겠다는 생각이 들었

---

30. 전국귀농운동본부가 운영하는 교육과정으로 정식이름은 '자립하는 소농학교'이다. 매년 3월에서 11월까지 운영하는데 경기도 군포시 대야미에서 주말을 이용해 밭농사와 논농사를 짓고 음식과 술만들기, 생활기술 등을 배운다. 2023년 14기를 모집했다. (www.refarm.org)

다. 그래도 시골에서 살고 싶었다. 그래서 농업이나 농촌 주변부 일이라도 하고 싶어 농업전문지의 기자로 취직했다. 열심히 직장생활을 했지만, 여전히 그녀에게 도시 생활은 힘들었다. 다시 엄마한테 이야기하니, 몸 다 버려서 농촌에 가느니 네가 하고 싶으면 한 살이라도 어렸을 때 가라며 허락해주셨다고 한다. 그녀가 시골에 가기까지 준비하는 시간이 필요했듯이 엄마에게도 딸을 이해하는 시간이 필요했으리라. 지금은 엄마가 마치 친정집이 있는 것처럼 친근하게 느끼며 다른 사람에게 순창 이야기도 하고 나중에 내려와도 되겠다고 생각하는 것 같단다. 신기한 건 그 당시 일했던 신문사나 취재처 사람들의 반응이었다. 기자를 그만둔다고 하자, 모두 귀농할 줄 알았다고 이야기하더란다. 현희씨는 주변 사람들이 눈치를 챌 정도로 티를 내지는 않았기에 주변의 반응에 고개를 갸우뚱거렸다.

여성 혼자 시골에 내려와 산다는 것은 매우 어려운 일이다. 그 중 가장 곤혹스러운 일은 집을 구하는 일이다. 가부장

적 분위기의 시골 마을에 있는 편견을 마주해야 하고 안전도 고려해야 한다. 역시나 현희씨는 이사를 많이 했다. 첫 번째 집은 귀농귀촌센터의 관사였다. 공간이 꽤 넓어 순창에서 지내겠다는 여성들이 있으면 같이 살기도 했다. 그러다가 지역에 이주하는 청년들이 생겨 함께 살기 위한 집으로 이사했다. 그곳이 두 번째 집이다. 센터 일을 그만둔 후 농사를 배워보고 싶어 좋은 분을 만나 농사 선생님으로 삼았는데, 그 선생님 집에 있는 조그만 관리사에 1년 반 쯤 살았다. 세 번째 집이다. 순창읍에 창림문화누리마을이라는 곳에 비어있는 옛날 집을 문화적으로 활용하는 사업으로 리모델링한 집이 있어 방을 한 칸을 얻어 살았다. 네 번째 집이다. 이사할수록 집이 작아져 이대로 가다가는 나중 집은 관이 되겠구나 라는 생각이 들었단다. 웃으며 이야기하지만, 그녀의 표정에서 그 당시 겪었을 그녀의 자괴감이 느껴졌다. 지금 사는 다섯 번째 집은 순창군이 지원해 청년들에게 임대할 수 있게 한 읍내의 단독주택이라 한다. 농촌주택 대부분이 옛날에 지었기 때문에 단열, 화장실, 주방 등에 손 볼 곳이 많아 비용이 꽤 들지만, 보통 집주인이 고쳐서 임대하지 않는다. 그래서 빌리는 사람이 수선하는데, 그 비용을 보상받으려면 오래 살거나 이사할 때 집주인이나 새로운 임대인에게 일부 비용을 받아야 하지만, 어떤 경우도 여의치 않다. 그래서 현희씨는 여섯 번째 집은 사야겠다고 마음먹었다.

현희씨도 처음에는 시골마을에 살고자 했으나, 이런저런 이유로 읍내에 살고 있는데 나쁘지 않다고 말한다. 그녀가 시골마을에 바로 거주하지 않은 이유는 4가지다. 무엇보다 시골마을에 쓸만한 집, 특히 빌려서 살 집이 마땅치 않고 둘째, 시골마을에서 집을 빌려 사는 경우 마을주민도 아니고 그렇다고 아닌 것도 아닌 애매한 주민이 되는 경우가 많고 셋째, 자동차가 없으면 편의시설이 멀어 불편하며 넷째, 읍내에서는 비슷한 생각을 하는 사람들을 만날 기회가 많기 때문이다. 그래서 특히 여성의 경우 지역에 왔을 때 시골마을로 바로 들어가 사는 것보다 읍내에 집을 구해 장기적으로 살 곳을 탐색도 하고 친구를 사귀는 것이 좋다고 귀띔한다.

현희씨는 논 1,800평과 밭 1,000평의 농사를 짓는다. 절대 작은 규모가 아니다. 그녀에게 어떻게 농사를 짓느냐 물으니 논은 농사 선생님의 짓던 농사를 물려받았는데 선생님 농사에 그냥 묻어간다며 웃는다. 밭농사는 손은 많이 가는데 수익이 많지 않아서 애매하다 이야기한다. 그렇다고 그녀는 규모를 늘릴 생각은 없다. 전업농이 되고 싶지 않아서이다. 땅이 넓어야 하는데 그럴만한 자본도 없고, 무엇보다 쫓기듯이 농사를 짓기 싫었기 때문이다. '도박과 같은 농사'라고 말하기에 그녀에게 무슨 뜻이냐 물었다. 농사로 큰돈을 벌려면 빌린 돈으로 땅을 사고, 비닐하우스와 같은 시설을 만들어야 하고, 농사는 일 년이라는 주기가 돌아야 수익이 생기는데 중간에 삐끗 잘못하면 한 번에 망가진다는 것이다. 그래서 농사를 잘 짓는 주변 분들도 한 해 망치면 바로 빚더미에 앉는 것을 자주 봤다는 것이다. 그래서 도박처럼 보이더란다. 그녀는 그걸 감당하기에 어리기도 하고 하루에 8시간 이상 밭에서 일한다면, 도시에서 직장생활하는 것과 다를 게 없는 것 같았다. 시골에 와서 보니 어느 정도 농사를 짓는 농부들도 거의 다 겸업을 하더란다. 그래서 그녀는 비록 시골에 살지만, 농사에 올-인하지 않기로 했다.

그래도 그녀는 농사를 포기할 생각은 없다. 센터에서 일하면서 청년들과 농사를 지었는데, 일 년 동안 350만 원을 벌어 50만 원씩 나누어 가졌다고 한다. 어쩌면 들어간 돈이 더 많았을지 모르지만, 재미있고 의미가 있었단다. 하고 싶었던 일을 함께 궁리하고 계획하고 생각과 달리 잘되지 않으면 다시 시도하는 과정이 매우 재미있었다. 또한 시골에서 비슷한 생각을 하는 사람들을 만나는 게 쉽지 않은데, 같이 농사 짓는 일을 통해 그런 친구들을 만날 수 있었고 마음을 나눌 수 있었다. 농사가 그걸 가능하게 해주는구나 하는 것을 알았다고 한다. 국내에서 전업으로 농사를 지으며 생활하는 것이 어려운 현실이다보니 농사를 지으려고 왔던 청년들이 그 벽을 넘지 못하고 포기하는 경우를 많이 본다. 청년들이 농사를 짓는 건, 청년 개인으로나 지역사회에도 여러 가지 의미가 있으니, 농사를 지으면서 다른 일도 할 수 있는 그런 지원이나 정책이 있으면 좋겠다고 이야기한다.

현희씨는 반농반X[31]를 추구했으니 X를 찾는 것이 숙제였다. 그녀가 X에 대해 처음에는 요양사 같은 일밖에 떠오르지 않았다고 한다. 지금은 그녀가 했던 일과 현재 하는 일이 셀 수 없을 정도로 많다. 귀농귀촌센터 활동가, 순창친환경연합 직원, 청년사업 담당자, 축산농가 우유 체세포 검사원, 소밥주기, 공예죽공예, 모시빗자루, 볏짚공예 등, 체험활동논농사체험, 바른먹거리 체험, 농가체험 등, 농사, 공유공간 운영, 글쓰고 기고하기, 토론회 발제 등등. 때로는 특정 품목 장사 철에 장사꾼들 따라다니거나 장사하는 품목을 준비하는 부업도 한다. 최근에 개인적인 사정이 있어 수입을 늘려야 했는데, 농사를 조금 줄이고 다양한 일을 찾아 나섰더니 생각한 정도에 근접한 돈을 벌고 있단다. 내가 "보통은 귀농했다가도 돈을 벌어야 하면 도시로 다시 가는데 왜 그러지 않았느냐?" 물으니 "도시로 가면 내 자리가 있

---

31. '반농반X'는 시골에서 하는 일의 반은 농사이고 나머지 반은 하고 싶은 일을 한다는 뜻이다. 일본의 생태운동가 시오미 나오키가 2003년 『반농반X의 삶』을 출판하면서 한국에 알려지게 되었다.

을까? 도시로 간다고 한들 갑자기 돈을 많이 벌게 될까?" 라는 생각이 들었다고 그녀가 답했다. 그리고 자신이 목적을 가지고 왔으니 그 길에서 너무 벗어나지 않고 싶었단다. 돈을 벌어야 한다면 4대 보험에 가입하는 직장만 생각하는데, 그 생각만 바꾸면 다양한 일을 하면서도 어느 정도 돈을 벌 수 있는 곳이 시골이더란다. 그녀 주변의 언니들도 출렁다리 관광지에서 차량을 통제하는 일을 하기도 하고 산불관리원도 하고 테마파크의 안내사도 하는데, 오히려 농사만 지을 때 겪었던 여러 가지 팍팍함을 해소하고 있다고 한다.

그녀를 만난 인터뷰 장소는 순창의 공유공간 '이음줄'이었다. 그곳은 단체 모임, 공연, 전시, 공유사무실, 체험 등이 가능하도록 꾸며져 있었다. 순창씨앗모임을 비롯한 8개의 크고 작은 여러 단체가 함께 논의하고 힘을 합쳐 만든 곳이다. 공간 한쪽에는 그녀가 만든 대나무 바구니, 갈대 빗자루 등의 다양한 공예품도 볼 수 있었다. 이러한 공예를 소재로 체험 프로그램을 운영하고 있고 이는 그녀의 주요한 수입원이자 그녀가 가장 좋아하는 일이다. 이런 공예품이 소득이 되냐고 물으니 잘 팔리지 않는다며 웃는다. 하지만 공예에는 끌리는 것이 있다고 한다. 도시에서는 느끼지 못했는데, 낭비와 파괴가 없는 일이더란다. 도시에서는 느끼지 못했는데 시골에서 직접 해보니 원재료가 어디서 어떻게 생산되는지, 누가 어떻게 사용할지도 알 수 있고 쓸모가 없어지더라도 지구에 해를 주지 않고 자연으로 돌아가는 그런 물건을 만드는 일이라는 것이다. 그리고 창의적이어서 몰두하게 되더란다. 그녀는 시골에서 일상적으로 주민들이 하던 이러한 일이 점점 사라지고 있어 안타깝다고 한다.

이 부분과 관련해 현희씨는 할 말이 많다. 지역에서 공예라 하면 예술작품 수준의 질이 높은 것만 생각하는 경향이 있다는 것이다. 그래야 팔 수 있고 돈이 될 수 있으니 그런 사람, 그런 상품에만 관심을 둔다고 한다. 그러니 정책과 지원의 대상은 그들이 될 수밖에 없다. 하지만 완벽하지 않더라도 일상에서 공예를 하는 사람들이 많아지면, 더 높은 질의 공예품을 사는 소비자가 되고, 생활 공예를 하는 사람들이 활동하다가 작가가 되기도 할 터인데, 그런 과정을 전혀 고려하지 않고 무시하고 있다고 한다. 그녀는 지역의 문화예술과 관련한 정책이 생활 중심으로 바뀌었으면 좋겠다는 이야기도 덧붙였다. 지역의 이러한 분위기는 어디에서든 어느 분야이든 경쟁력만 찾는 대한민국의 현실을 그대로 보여준다.

현희씨는 올해 창업을 준비하고 있다. 전라북도에 적절한 지원사업이 있어 신청했고 좋은 소식을 기다리고 있다. 공예와 관련한 일을 연결할 예정이라고 한다. 현희씨의 본능은 공예인가 보다 생각하고 있는데, 그녀가 "앞으로 공예에서 손을 놓을 것 같지는 않아요"라 말한다.

시골살이 지역으로 순창이 어떠냐 물으니 얼마 전 집을 구해준 귀촌한 선배 언니 이야기를 한다. 그 언니에게 왜 순창에 왔냐고 물으니 도시에서 빈민으로 살 수밖에 없을 것 같은데, 도시 빈민보다는 농촌 빈민이 더 나을 것 같아 내려왔다고 하더란다. 만약 그 언니가 시골이 블루오션이고 성공하고 싶어서 왔다고 하면 할 이야기도 없고 도와줄 수도 없을텐데, 그렇게 이야기를 해서 재미있게 순창에서 함께 살 수 있을 것 같았다고 한다. 그 언니는 순창에 잘 정착해 살고 있다고 한다. 그녀가 말하는 순창은 이런 곳이다.

"유명한 관광지가 있는 것도 아니고 교통이 편한 곳도 아니고, 대도시를 끼고 있는 곳도 아니고, 약간은 애매한 그런 곳이에요. 그렇다고 귀농귀촌으로 유명해진 곳도 아니고 서울과 가깝지 않아 개발 이슈가 없어 땅값도 저렴해 노력하면 땅을 살 수도 있는… 그런 곳이기도 하죠."

그래서인지 비혼 귀농귀촌 여성이 많다고 한다. 이런 여성들의 모임이 있는데 모임 이름이 '큰애기'이다. 순창에서는 비혼 여성을 몸은 컸지만, 결혼하지 못한 아기라고 해서 그렇게 부른다고 한다. 그렇게 큰애기들이 모여서 수다도 떨고 활동도 하고 결혼한 언니들과도 잘 지내고 그런 곳이 순창이니 여성들이 많이 찾아오면 좋겠다 한다. 여자 손이라도 여기저기 필요한 일은 많은데, 일손은 적어서 새로운 사람이 들어오면 함께 일하고 싶어 살짝 경쟁이 일어나기도 한다. 그러니 순창에 누군가 여성이 왔다고 하면 큰애기들은 무조건 환영이란다.

그녀에게 더불어 지역살이를 고민하는 청년들에게 해줄 말이 있냐고 물었다.

"먼저 내려온 친구들이 리틀 포레스트를 꿈꾸고 오지 말라고 하던데, 저는 그런 로망 없으면 청년들이 왜 시골에 오나 싶어요. 청년들이 건강한 밥 먹고 마음 맞는 사람들이랑 수다 떨고 재미있는 소소한 일도 만들고 이런 소박한 로망마저 없으면 시골에서 어떻게 살아요. 큰돈 벌기도 어렵고 환경이 편리한 것도 아닌데, 이런 로망을 이루면 만족할 수 있잖아요. 예전에 택배를 하시는 분이 자기가 키우는 개와 건강하게 살고 싶어서 시골에 오고 싶다는 이야기를 하던데, 그런 로망이 저는 필요하다고 봅니다."

시골의 환경과 조건으로 큰돈을 버는 것은 쉽지 않지만, 그렇다고 해서 시골로 오면서 꿈꾸었던 일상을 포기하지 않았으면 좋겠다는 당부이다.

예전에 완주의 청년들이 자신들의 밭에 거적을 깔고 영화를 보는 '시골의 불편한 영화제'라는 별명을 가진 "너멍굴영화제"를 한 적이 있다. 그 포스터의 부제가 "무언가 되지 않아도 괜찮은, 여기"였다. 현희씨의 인터뷰를 마치며 그 포스터의 문구가 떠올랐다. 그녀는 무언가 되지 않아도 괜찮은 순창에서 무언가 되지 않아도 행복한 생활을 하고 있다는 생각이 들었다. 그 속에서도 그녀의 이야기를 하나씩 하나씩 채워가고 있었다. 아마도 가까운 미래에 그 이야기는 큰 작품이 되겠지, 그녀가 만든 공예품과 함께.

충남 홍성 조대성

농업회사경영자, 작곡가/문화활동가, 도전본능

대성씨는 내가 풀무학교 전공부[32] 교사를 하던 시절의 학생이었다. 어느날 작곡과를 나온 친구가 농사를 짓겠다고 학교에 들어왔다. 내 기억 속에 그는 강의 때마다 의문이 들면 날카롭게 질문을 하는 그런 친구였다. 그 이후 홍성의 젊은 협업

---

32. 풀무학교 전공부는 충남 홍성군 홍동면의 풀무농업고등기술학교가 운영하는 2년제 전문학사 수준의 교육과정이다. 유기농업과 관련한 교과로 이루어져 있으면 다양한 실습을 병행한다. 환경농업과 1개과 정원 25명이며 2001년 3월 개교했다.

농장에서 일하는 그를 만났고 팟캐스트 라디오 방송을 제작하는 모습을 본 적도 있다. 오랜만에 만난 그는 청년을 지나며 도시의 때를 벗고 있었다. 귀농·귀촌의 지난 시간을 평가해달라는 말에 그는 웃으며 "너무 오래 지나서 귀농인이라 하는 것이 어색하고 이제 현지인이 다 된 것 같아요"라고 답했다.

그는 서울의 미술관에서 일했는데, 전시회를 기술적으로 지원하는 일과 전시가 끝나면 기록물과 콘텐츠를 수집하고 정리하는 업무를 했다. 작곡을 공부해 음악과 관련된 일을 한 줄 알았는데, 영상기록물을 정리할 때 배경 음악을 삽입하는 것 정도가 관련된 일이었다고 한다. 교회를 다녔던 그는 사회문제나 환경문제 등에 관심이 많았던 교회 선배들의 영향을 받았다. 자전거로 출퇴근을 하는 등 도시에서 생태적으로 사는 것을 시도해보다가 한계를 느껴 가장 친환경적이고 생태적인 직업이 농부라고 생각해 귀농을 계획했다. 그때는 귀농만이 정답이라고 생각했고 왜 사람들이 귀농하지 않는지 이해할 수 없었다고 한다. 아이가 태어나면서 서울에서 이렇게 살다가는 씀씀이는 커지고 그만큼 벌기 위해 쳇바퀴를 돌아야 할 것이 뻔했다. 그래서 당장 시골로 가지 않으면 영원히 가지 못할 것이라는 생각이 들어 서둘러 결행했다고 한다. 다행히 부인은 관심사가 비슷해서 동의해주었고 본인은 부모님께 허락을 받는 스타일이 아니어서 걱정하지 않았으나 장인·장모가 반대할 것 같아 우려했었다고 한다. 그러나 의외로 귀농하겠다 하니 그럴 줄 알았다면서 허락했다고 한다. 시골살이에 대한 가족의 반대를 걱정하는 분들도 용기를 내어 이야기를 나누어봐도 좋지 않을까 싶다. 어쩌면 동물의 귀소본능처럼 시골을 향하는 본능이 있어 공감할 수도 있으니.

다니는 교회에 귀농한 지인이 있어 홍성에 와보고는 다른 지역은 알아보지 않고 홍성으로 바로 이주했다. 그곳에는 다니고 싶은 풀무학교가 있었기 때문이다. 농부가 되려면 뭐든 배워야 했고 학교는 그동안 가장 오랜 시간을 보낸 곳이어서 익숙했으며 공부하는 동안 돈을 벌거나 농사를 바로 시작하지 않아도 되는 시간을 유예받을 수 있을 것 같아서였다. 그의 예상대로 풀무학교는 많은 도움이 되었다. 사람이 낯선 곳에 오면 적응하기 어려운데 완충지대와 같았고 학교생활이 재미있고 즐거워 종일 아이를 돌보는 아내에게 미안한 생각이 들 정도였다고 한다. 학교를 통해 지역의 다양한 사람을 알게 되었고 졸업 후에 젊은협업농장[33]에서 일할 수 있게 되어 본격적인 농사도 시작할 수 있었다.

그는 충청남도의 청년농부사업을 지원받아 농장을 창업했다. 그는 농장 이름을 '월천농장'이라 지었다. 매월 천만 원씩 벌겠다는 뜻이다. 상추, 아욱과 같은 채소를 유기농으로 재배해 홍성유기농영농조합을 통해 유통했는데, 지금은 그 조합의 대표를 맡고 있다. 지금은 영농조합 일로 농사에 전념할 수 없어 아는 귀농인이 고수, 루꼴라와 같은 특수작물을 재배하고 있고 그 일을 돕는 정도이지만, 다시 농장에 돌아갈 때를 가늠하고 있다.

33. 충남 홍성군 장곡면에서 협동조합의 형태로 운영하는 농장으로 2011년 3명으로 시작했지만 10명 내외의 농부조합원과 이들을 지원하는 조합원이 서로 배우고 가르치고 지역과 교류하고 건강한 농부가 될 수 있는 활동을 한다.

그는 귀농하고자 했으니만큼 농사일에 대한 만족도는 매우 높았다고 한다. 한 개인이 무언가의 시작과 끝을 완결할 수 있는 일이 별로 없는데 농사는 그렇지 않다는 것이었다. 그래서 그는 농업으로 충분한 소득을 만들어지지 않는 현실을 매우 안타까워했다. 그가 농장을 창업했지만, 잠시 접고 영농조합에서 일하는 이유이기도 하다. 농부 개인이 농산물을 생산하면서 유통까지 하는 것은 쉬운 일이 아니다. 농협이 그 역할을 하고 있지만, 지역의 모든 농민과 농산물의 유통을 책임지기는 어렵다. 그는 홍성에서 새로운 농산물 유통과 구조를 만들어보고 싶다고 했다. 그래서 그가 주목하고 있는 것이 바로 로컬푸드다. 홍성에서 생산한 농산물을 개인 소비자뿐 아니라 요식업체, 크고 작은 마트까지 유통할 수 있는 체계를 꿈꾸고 있다. 유통비를 줄이면 농민에게 조금이라도 도움이 되지 않을까 해서다. 성공했으면 좋겠다.

농업에 대한 애정이 많은 그이지만 농사로만 생계를 유지할 수 없는 농촌의 현실 때문에 누군가 시골로 온다면 다른 일을 병행하기를 권한다. 창업도 가능하고 관련된 일자리도 많기 때문이다. 소규모 농산물 유통, 농산물 가공회사, 밀키트 제조업과 같이 농업 관련 분야에 창업사례가 주변에 많다고 한다. 그는 '초록코끼리'라는 밀키트 가공공장의 사례를 들었다. 대표는 농업경제학을 공부하고 연구기관에 있다가 서울의 청년을 지역의 일과 연결하는 사업인 서울시의 넥스트로컬 사업에 참여해 홍성과 인연을 맺고 창업했다고 한다. 홍성의 한돈을 활용한 목살 스테이크, 남당항 바지락을 활용한 감바스, 홍성유기농조합의 생미두부를 사용한 생미두부전골 등의 밀키트를 개발해 생산, 유통하고 있다. 하지만 시골에서 꼭 창업해야 하는 건 아니라면서 자신이 일하는 영농조합과 같은 조직에서 일하는 것도 나쁘지 않다고 이야기한다. 특성상 일주일에 6일을 일하는데, 다들 그 이야기를 들으면 취업을 포기한단다. 보수가 많은 것은 아니지만, 안정적이며 보람도 있는 일자리라며 안타까워했다. 눈높이를 조금만 낮추면 할 수 있는 일은 많다는 이야기이다.

누구나 그렇듯이 시골 이주에서 가장 어려운 것은 '주거'다. 대성씨는 홍성에서만 7번 이사했다. 둘째 아이가 아토피로 고생을 하고 있어서 시골집에 살고 싶었지만, 대부분 시골의 빈집은 오래 방치되어 고치지 않으면 살기 어렵고 제대로 고치려면 비용이 만만치 않았다. 마침 막 이사를 나가고, 집주인이 도배나 장판을 하지 않은 집이 읍내에 있어 친환경 자재로 인테리어를 하고 살았다. 그는 이사 경험이 많은만큼 집과 관련해 다양한 에피소드를 이야기했다. 읍내의 아파트로 이사했는데 물이 새서 아랫집 수선비를 물어주고 나온 일, 시골집 마당에서 까만 밤에 아내가 뱀을 발견했고 아침에 보니 뱀알 2개가 그 자리에 놓여있었던 일, 집 앞의 밀밭에서 밀을 수확하다가 고라니 새끼를 발견해 야생동물보호센터에 맡긴 일 등등. 그렇게 여러 집을 전전하다가 지금은 읍내의 아파트를 분양받아 살고 있다. 이런 경험을 했기에 그는 농촌으로 들어오는 청년들을 위해 면 중심지에 저렴한 비용으로 살 수 있는 임대주택이 있으면 좋겠다고 제안한다. 어느날 홍동면 시골에는 생뚱맞아 보이는 고층 아파트가 지어졌다. 공사를 할 때만

해도 그는 시골에서 누가 저런 아파트에 살까 싶었는데, 지금은 빈집이 없다고 한다. 그 일 이후로 아파트에 익숙한 사람들에겐 시골에 저런 아파트도 필요하겠구나 싶어 이해하게 되었다고 한다. 하지만 고층 아파트보다는 2~3층 정도에 텃밭도 가꿀 수 있는 전원형 소형빌라 같은 주택이면 좋겠다 한다.[34]

작곡가 출신의 귀농인이 농부가 되어 음악은 포기했을지 궁금했다. 그는 풀무학교 전공부 1학년 축제 때 학생들이 합창을 해보자고 해서 지휘를 맡게 되었고 마을주민을 대상으로 공연도 했다. 그는 교회에서 합창단을 했기 때문에 익숙한 일이었지만, 마을에서 해보니 더 재미있어서 주민들과 함께 뻐꾸기합창단을 만들어 7년 간 운영했다. 서울시민합창제에 초대를 받을 정도로 열심히 한 모양이다. 그는 합창뿐 아니라 음악밴드 활동도 했다. 젊은 친구들과 음악 이야기를 하는 모

---

34. 농촌에서 유사한 주거단지를 조성한 사례가 있다. 농촌의 작은 학교를 살리기 위한 '농촌유토피아사업'으로 경남 함양군 서하면 서하초등학교 인근에 12호의 농촌형 임대주택을 2021년 2월 조성했다. 800여평의 대지에 14~20평의 주택, 미니 텃밭, 어린이도서관, 공유부엌 등을 갖추었다.

임을 하다가 노래도 불러보자고 밴드를 만들었다. 밴드 이름은 "시골영감"인데 영감은 어르신과 Inspiration의 중의적인 뜻이 있다고 한다. 이 밴드는 주로 대성씨가 작곡한 노래를 불렀는데, 시골에서 아이를 키우면서 느끼는 감성을 바탕으로 만든 곡이다. 여러 사정으로 집에서 아이를 돌봐야 했던 시기가 있었고 당시에 경미한 우울증을 경험했는데, 그때 만든 노래라고 한다. 이 밴드는 충남음악창작소의 지원사업에 선정되어 뮤직비디오도 찍고 음반도 냈다. 지금은 농장을 창업하면서 집중하기 위해 두 가지 모두 그만두었지만, 그때를 생각해보면 재미와 보람이 있었다고 회상한다. 함께 했던 사람들이 다시 해보자고 부추기는데, 지금은 여유가 없어서 엄두를 내지 못하고 있단다. 그가 만든 "가을자장가"라는 노래에는 시골의 가을풍경이 그림처럼 표현되어 있다.

길가에 귀뚜라미 촌스레 울고 있네
할머니 회초리에 참깨가 쏟아진다
높다란 하늘 위에 잠자리 사랑 노래

매미의 울음소리 서글픈 작별 인사

지난 여름날 너무나 더웠었지

땀을 흘리며 들판에서

이 계절을 기다려왔네

콩대가 굵어지고 모기 입 비뚤어져

선선한 바람 부는 오늘 밤

너를 보며 미소 짓는다

음 잘 자라 우리 아기

음 잘 자라 우리 아기

현재의 귀농생활은 자신도 부인도 만족하고 있으며 서울에서의 생활과 비교하면 생활비가 적게 들기 때문에 수입이 많지 않아도 불편하지 않다고 한다. 농촌은 교통이 불편해 자동차를 구매하고 유지하는 비용이 더 들기는 하지만, 도시에서 살 때와 기준이 달라져서 비싼 자동차보다는 좋은 트랙터가 더 필요하기 때문에 자동차에는 돈을 들이지 않는단다. 비슷하게 외식보다는 직접 키운 농작물로 요리를 하는 것을 더 즐기게 되었고 멋지고 이쁜 옷보다는 실용적인 옷에 눈이 더 가게 되었다고 한다. 그렇게 잘살고 있는데도 대성씨의 아버지는 아들이 귀농해 자립하지 못했다고 생각해 그동안 용돈을 보내주었단다. 굳이 그 용돈을 마다하지 않았는데, 영농조합 대표가 되고 안정적인 봉급을 받고 있어 부모님에 용돈을 드리고 있다며 이제 효자가 되었다고 머쓱해한다.

나는 혹시 이후에 음악이나 문화 활동을 할 계획이 있냐고 물었다. "아쉬움이 남아요. 그리고 언젠가 다시 할 수도 있겠지만, 지금은 경영이라는 일에 몰두하고 있으니 그 분야의 욕구가 없어지더군요"라는 답이 왔다. 그의 관심은 음악에 대한 욕구 대신 지역사회를 향하고 있었다. 영농조합 대표로 일을 해보니 지역의 여러 그룹이 서로 소통하고 연결하고 협업하는 일이 필요해 앞으로 그런 일을 하고 싶다고 한다. 아직 구체적이지는 않지만, 지역에 그런 일이 원활해지면 누군가에는 도움이 될 거라고 말하는 그의 눈빛은 이전까지와 다른 빛을 내고 있었다.

시골로 오려는 사람들에게 하고 싶은 말을 청하니 그는
이렇게 이야기한다.

"농촌의 현실은 녹록하지 않지만 큰 도시와는 달리 자신이 몰
랐던 자신의 가치를 찾을 수 있는 곳이 시골인 것 같아요. 농사
를 짓기에 현재의 농촌은 좋은 조건이 아니지만, 자신을 빛나게
해줄 곳이 시골일 수 있거든요. 그리고 그런 빛들이 쌓여 지역
은 발전하는 것 같아요. 도시는 그런 게 없지 않나요, 오히려 빛
들이 소모되고 마는 것 같아요. 그래서 누군가 홍성으로 오겠
다면 무조건 환영이죠."

사실 내가 인터뷰 대상으로 대성씨를 선택한 것은 '농사
를 지으면서도 음악본능을 유지하고 있지 않을까' 해서였다.
기대와 달리 그는 현재 음악과 이별한 상태다. 인터뷰를 정리
하면서 그의 노래가 궁금해 인터넷을 검색했다. 그와 관련한
잡지 기사 하나가 튀어나왔다. 그의 모교 대학 동창회지의 4
인4색 동문 귀농인 기사에 그가 있었다. 그는 인터뷰의 끝을

이렇게 마무리했다.

"도시에서는 한 번도 생각하지 않았던 문제들이 몰아쳐 온다. 농업과 농촌 환경 또한 어렵다. 귀농이 도전이 아니라 도피라면 말리고 싶다."

굳이 현재 대성씨의 본능을 찾자면 도전본능이리라. 하지만 그 도전이 돈이나 권력이 아니라 지역을 품고 있어 안심이고 아름다웠다. 또한, 언젠가 음악에도 다시 도전할 것이라는 기대도 해본다.

강원 강릉 이혜림

퍼머컬처, 생태활동가, 연결본능

혜림씨는 2022년 농림수산식품부의 "시골언니" 사업의 강릉 프로젝트 운영자였고 관련된 인터뷰 기사에서 그녀를 알게 되었다.[35] 그 기사에는 이런 제목이 붙어 있다. "기후위기

---

35. 2022년 농림수산식품부가 지역에 먼저 정착한 선주민의 활동을 중심으로 청년 여성이 농업농촌에서의 삶을 구체적으로 모색할 수 있도록 제안하는 프로젝트로 전국 8개 지역에서 참여해 지역 이주를 고민하는 도시 여성들과 다양한 프로그램

시대에 모두가 반쯤은 농부가 되어야 한다고 생각해요." 어디에서든 농사를 지어야 하고, 기후위기를 막기 위해 반쯤은 농부가 되어야 한다는 아리송한 이야기를 하는 그녀를 만났다. 첫 질문으로 던진 "강릉 이주 8년을 이야기해달라"는 내 말에 그녀는 "나라는 사람을 조금 알게 되었다" 답한다. 역시 아리송한 그녀다. 좀 더 이야기를 듣고 싶었다.

그녀는 정선 탄광촌 출신이다. 대학에 진학했지만, 시골의 작은 학교에 익숙했던 그녀가 도시의 큰 대학에서 공부하는 건 쉽지 않아 자퇴했다고 한다. 강릉의 작은 대학에서 유아교육을 공부하고 이후 강릉, 부산, 서울에서 살았다. 그리고 유치원 교사, 대학원생, 독립영화 활동가 등의 일을 했다. 8년 전, 딱히 일이 있는 건 아니었지만, 대학을 다녔던 강릉에 갔다가 좋은 사람들을 만나 그곳으로 이주했다. 강릉에 대한 생각을 물으니 "저에게 딱 맞아요."라는 답이 바로 튀어나왔다. 농촌의 여유와 도시의 편리함이 공존하고 산도 있고 바다도 있

을 운영했다. (https://www.sigolunni.co.kr/)

고 좋아하는 독립영화제가 있으니 말이다. 정선은 답답하고 서울에서는 고립되었는데 강릉에서는 친구들과의 커뮤니티가 있고 나름 한가하고 나름 바빠 좋다는 것이다. "서울에서의 고립"이라는 말을 듣고 서울 생활은 어땠는지를 물었다. 그녀는 부산에 살다가 독립영화와 관련된 일을 하고 싶어 서울에서 2년을 살았다. 그녀에게 재미있다고 생각한 일이 돈을 버는 일이 되니 생각과 달랐다. 무엇보다도 직장과 집을 오가는 것 이외에 다른 활동은 전혀 할 수 없었다. 그녀는 직장 동료 이외에는 다른 사람과 만나기 어려웠고 다른 활동을 병행하기도 어려웠다. 어린 시절 정선의 작은 마을과 너무도 달랐던 것이다. 그래서 고립이라고 생각했던 모양이다. 그녀는 전공인 유아교육과 재미있는 일이었던 독립영화에 대한 미련을 버리고 친구들이 있는 강릉으로 무작정 이주했다. 강릉의 세월호 참사 추모행사에서 함께 무엇이라도 할 수 있는 친구들을 만났기 때문이다.

과거의 그녀는 시간과 장소를 달리하며 다양한 일을 했

지만, 지금은 한 지역에서 동시에 다양한 일을 하고 있다. 강릉 청년 네트워크에 참여하고 농사를 짓고 있으며, 내일상회라는 제로웨이스트숍의 경영자이고 청소년 생태교육을 진행하고 있다. 이런 일을 '생태전환마을내일 사회적협동조합'을 기반으로 해나간다. 굳이 그녀의 직업을 표현하자면 환경활동가 혹은 생태활동가라 할 수 있지만, 막상 그녀가 어렸을 땐 그런 일을 하는 직업이 있는지 몰랐고 누구도 알려주지 않았다고 한다. 탄광촌의 노랗게 오염된 시냇물을 보며 안타깝게 바라보면 소녀는 강릉 독립영화제에서 로드킬과 관련한 다큐멘터리를 보고 자신이 느끼는 것을 이렇게 다른 사람에게 말할 수 있고 공감하게 만들 수 있다는 것을 알게 되었다. 그때 이후로 독립영화의 매력에 빠지게 되었다.[36]

최근 그녀의 중학교 선생님이 편지 한 통을 보내주었다고 한다. 그녀 기억 속에는 없지만, 그 편지는 중학교 1학년 때 30살이 된 자신에게 쓴 것이었다. 중학생 때 그녀는 환경을 지키

---

36. 황윤 감독의 2006년 작품. 「어느 날 그 길에서」

는 일을 하는 미래의 자신에게 편지를 썼다고 한다. 그렇게 무의식 속의 존재했던 중학교 1학년 혜림씨를 30세의 혜림씨가 독립영화로 불러냈던 모양이다.

그녀는 현재 도시에 살지만, 외곽의 시골 마을에서 농사를 짓고 있다. 강릉에 온 지 4년 차 쯤 될 무렵, 그녀는 가까운 곳에 밭을 빌렸다. 그렇게 청년 친구들과 우리가 먹을 건 우리가 키워보자는 생각으로 농사를 시작했다. 그러다 그 밭을 사용할 수 없게 되었고 조금 멀리 떨어진 구정마을이라는 곳에서 땅을 빌려 농사를 지었다. 지금은 밭도 샀다.

농사에 대한 생각을 묻자 그녀는 "저한테는 혁명이었어요"라고 한다. 광산 노동자였던 아버지가 농사를 지었기 때문에 때론 농약줄을 잡는 일을 하기도 했는데, 농사는 무조건 힘들고 하지 말아야 하는 일로만 생각했다. 그런데 이게 눈 앞에 아른거렸다. 식물이 성장하는 전체 과정을 보는 것도 처음이거니와, 한번 해보니 왜 작년과 다른지도 궁금하고 알고 싶었다. 그리고 토종 종자에도 관심이 갔고 자연스럽게 기후위기도 고민하게 되었다. 농약과 비료를 주지 않고 키운 당근이 손가락만큼 작았는데 지금도 그때 그 맛을 잊을 수 없다고 한다. 그녀는 그렇게 한 해, 한 해를 건강하게 살았고, 그것이 흙을 만지고 식물을 키운 덕이라는 것을 깨달았다. 나는 그 설명을 듣고나서 반 쯤은 농부가 되어야 한다는 그녀의 말을 이해할 수 있었다.

그녀는 광산 노동자이며 농부인 아버지가 부끄러웠다고 한다. 하지만 농사를 짓고 청소년 식생활 교육을 하면서 그렇게 생각한 자신이 부끄러워졌다. 그 일을 했던 건 아버지가 잘못한 것이 아니고 그 시대가 요청했다는 것을, 아버지는 귀한 일을 했고 그 귀한 일을 하는 사람들이 귀한 대접을 받지 못했다는 것을, 그래서 우리 가족이 가난하게 살았다는 것을. 그녀는 농약을 치는 농부를 비난할 수 있지만, 농부는 다 소중한 사람들이고 고마운 사람들이라는 것을 같이 활동하는 친구들이 똑같이 이야기해주어서 너무 고마웠다고 한다. 그렇게 그녀는 농사를 지으며 리조트에서 청소노동자로 일했던 어머니까지 온 가족을 품을 수 있었다.

더불어 그녀는 농사는 철학적이라 덧붙인다. 그녀는 아이들과 텃밭 교육을 했는데, 초등학교 2학년 친구는 진심어린 호기심으로 닭이 먼저냐, 달걀이 먼저냐를 물었고 유치원에 다니는 아이는 씨앗은 누가 만드냐고 물었다고 한다. 그녀는 선뜻 답을 할 수 없었지만, 이 아이들이 이런 질문을 안고 어른이 되면 우리 사회가 조금은 나아질 것이라는 희망을 품게 되었다고 한다.

그녀는 강릉에서 협동조합 활동을 하고 있다. 처음에는 청년 친구들과 저녁에 모여 하고 싶은 일을 해보자 해서 모임을 시작했다. 한 그룹은 자신들의 문제인 청년 문제를 해결해 보자고 협동조합을 만들었고 환경, 먹거리 문제에 관심이 있는 청년들이 '생태전환내일 사회적협동조합'을 만들었다. 이 협동조합에서 내일상회를 운영하고 있는데, 제로웨이스트 활동을 하고 관련된 물품도 팔고 커피박을 수거해 활용하고 플

라스틱을 재활용하는 일을 한다.[37] 이런 일을 하다가 청소년을 대상으로 하는 생태프로그램에 참여해 기후위기에 관심이 있는 청소년을 만나게 되었고 그들의 동료가 되어주어야겠다는 생각했다. 그래서 교육청의 환경교육에 적극적으로 참여하고 청소년들과 다양한 활동을 하고 있다.

그녀가 하는 일은 많지만, 수입이 많은 것은 아니다. 처음에는 다른 일로 돈을 벌어서 하고 싶고 해야 하는 일을 했다. 예전에 직장에 다니던 만큼은 수입이 많진 않지만, 생각보다 잘살고 있다고 한다. 내일상회에서 파는 물건을 '누가 살까?' 했지만, 그럭저럭 팔리고 있고 청소년 활동이나 환경교육을 하면서 받는 활동비와 강사비도 주요한 수입원이다. 자동차 할부금도 내고 농지를 산 대출금도 잘 갚고 있다며 웃는다. 그것이 가능한 이유는 덜 쓰기 때문이다. 큰 도시에서 살 때 의존

---

37. 제로웨이스트운동(Zero Waste Challege) : 쓰레기배출을 0에 가깝게 최소화하자는 운동으로 불필요한 물건 거절하기, 꼭 필요한 물건만 사기, 일회용물건을 재사용물건으로 대체하기, 재활용하기, 자연에서 분해하는 것은 퇴비화하기 등의 원칙을 가지고 있다.

했던 배달음식은 거의 먹지 않고 직접 재배한 농산물을 중심으로 식사를 하니 자연스럽게 지출이 줄었다. 마을에서 팔지 못하는 과일 등도 나누어 받아서 큰 도움이 되기도 한단다. 도시에서 살 때는 비싼 옷을 사지 않더라도 옷에 신경써야 했는데, 지금은 중고의류 등을 사서 입는다고 한다. 가치관이 바뀌니 이렇게 사는 것이 더 나은 선택이라고 생각하고 있고 만족스럽단다. 자동차는 안 타는 것이 맞지만, 이동할 때 필요하기에 어쩔 수 없어 전기차로 바꾸었다.

나는 사는 곳, 일하는 곳과 농사짓는 마을이 멀어서 불편하지 않냐고 그녀에게 물었다. 그녀는 막 뜯은 싱싱한 상추를 먹고 싶을 때 그러지 못해 제일 아쉽다고 한다. 하지만 좋은 점도 있었단다. 그녀는 1년 차 농사를 지을 때 빌린 밭에 나무를 심고 퍼머컬쳐permaculture 방식으로 동글동글한 밭을 만들고 재활용품으로 장식을 했더니 마을주민으로부터 이런저런 잔소리를 많이 들었다.[38] 3년이 지나 꽃도 피고 허브도 있고 아

38. 호주의 빌 몰리슨(Bill Mollison, 1928~2016)이 창안한 지속가능한 지구를 위한

이들이 와서 같이 농사짓는 것을 보시더니 이제 이해하고 관심도 가지기 시작하셨단다. 그녀는 그렇게 주민들과 천천히 친해질 수 있어서 좋았다는 말이다. 이제는 마을에 들어가 살려고 집을 구하고 있는데, 그래서인지 이장님과 부녀회장님이 적극적으로 알아봐 주고 계신다고 한다. 그렇게 그녀는 조금씩 스며들어 구정리 마을주민이 되고 있었다.

그녀에게 하고 싶은 일을 물으니 올해는 네트워크의 해라며 제로웨이스트 전국모임, 퍼머컬퍼 네트워크, 강원도 토종 씨앗 네트워크, 강원도 청년모임, 청년정책 네트워크, 공유공간 커먼즈 네트워크 등 네트워크가 달린 단어를 줄줄 이야기한다. 그녀의 본능은 '연결'이지 않나 싶다. 연결을 원했고 연결이 있어 강릉에 왔고 다양한 활동과 농사를 지으면서 더 많은 사람과 일이 연결되었다. 이제는 그녀가 중심이 되어 더 많

문화 운동이라 할 수 있는데 지속가능한 농장, 마을, 지역사회를 만들 수 있는 물리적, 사회적, 경제적 디자인체계를 가지고 있다. 퍼머컬처는 자연을 닮게 하라는 철학에 기반을 두고 다양성, 자연적인 힘의 활용, 에너지 전환, 적정규모의 실현, 내부 시너지의 창출 등의 원리를 가지고 있다.

은 것을 연결하려고 하고 있다. 이러한 혜림씨와 친구들의 모습을 보고 찾아오는 청년들이 있다고 한다. 최근 지역살이를 경험하는 프로그램이 많아지기도 했기 때문이다. 그 친구들이 올 때는 자신이 왜 강릉을 찾아왔는지 모르더란다. 그런데 프로그램을 끝내고 돌아갈 때 알게 된다고 한다. 처음에는 팍팍한 도시 생활 혹은 인간관계가 힘들어 도피처로, 새로운 일을 찾고 싶어서, 혹은 새로운 관계를 만들고 싶어서였다고 말하는데, 나중에 보니 그런 고민을 나눌 곳, 같이 공감해줄 사람이 없어서 강릉까지 찾아온 것이었다고 한다.

그것을 알아서일까? 그녀는 최근 부쩍 늘어난 지역 청년 지원사업에 대해서 할 말이 많다. 지원을 받으면 창업을 해야 하고 그러려면 성공해야 하고 그래서 꼭 무언가가 되어야 하고…. 그녀는 그렇게 해서라도 지역에 꼭 남아야 하냐고 반문한다. 그 청년들의 이야기를 들어주고 쉬었다 가면 어떻냐고 말한다. 행정을 하는 사람들이나 지역 일을 하는 전문가들은 지역을 찾아오는 청년들을 가볍게 생각한단다. 청년 한 명이

오면 개인 한 사람이 오는 것이 아니라 그 청년과 연결된 네트워크가 다 오는 건데. 소중하게 생각했으면 좋겠단다. 더불어 도시의 청년들에게 "어디든 가보라, 지역을 경험해보라, 용기를 내라" 당부한다. 강릉에 온다면 무조건 환영이란다. 혜림 씨의 이야기를 들으며 청년들에게 살기 좋은 세상을 물려주지 못하고 후배들에게 무거운 짐을 지운 것 같아 선배로서 부끄러움이 밀려왔다.

끝으로 하고 싶은 이야기를 물으니 그녀는 자신은 운이 좋았다고 이야기한다. 의도 반, 우연 반으로 강릉이라는 딱 맞는 지역에 왔고 지금 하는 일을 생각하거나 계획하지 않았는데, 본인이 좋아하는 일을 찾게 되었기 때문이다. 그녀가 강릉 생활 8년을 "나를 조금은 알게 된 시간"이라고 말한 것은 그 의미였다. 하지만 그녀의 운만이 지금의 그녀를 있게 한 것은 아니었을 것이다. 도시에서도 자신을 찾기 위해 끊임없이 노력했고 도시와 그 안에서의 일을 포기하고 지역으로의 이주할 결심을 했으며, 지역에서도 자신을 놓지 않고 다양한 노력을 치열하게 하고 있기 때문이다. 하지만 도시에서 해볼 수 있는 시도는 한계가 있었으리라. 그래서 그녀는 다른 청년들에게 "지역을, 시골을, 농사를 경험해보라, 그럴 용기를 내라"라고 이야기하는 것이었다. 다시 도시로 돌아가도 좋으니 말이다.

그녀와의 인터뷰 내용을 정리하며 사다리가 떠올랐다. 한 발은 아래쪽 받침에 놓고 다른 발을 위쪽 받침에 올려놓아야 사다리를 오를 수 있다. 두 발을 한 번에 위쪽 받침에 올려놓고 올라갈 수 없다. 그녀는 큰 도시에서 작은 도시로, 작은 도시에서 농촌으로 조금씩 사다리를 오르듯 공간을 이동했다. 그녀는 유치원 교사에서 독립영화활동가로, 독립영화활동가에서 환경활동가로, 환경운동가에서 농사를 짓는 생태활동가로 조금씩 사다리를 오르듯 일을 이동시키고 있다. 그녀는 귀농하더라도 이 과정이 필요하다며 처음에는 농사를 짓더라도 다른 일을 하는 것이 필요하다고 말한다.

"사람도 3년 사귀었으면 적어도 3개월이라도 이별하는 시간을 가져야 한다고 이야기하잖아요. 하던 일을 싹둑 자르고 농사를 짓는 건 후유증이 심할 것 같아요. 조금씩 이별을 하면서 농사의 규모를 늘리는 것이 좋을 것 같아요."

그녀가 오르는 사다리의 끝은 어디일까. 인터뷰 내내 그녀의 생기있는 눈빛을 보며 그 꿈을 기대하게 되었다.

전북 완주 배승태

협동조합운영, 목수, 야생본능

승태씨는 10년 전 쯤 청소년 교육과 관련한 시민단체에서 처음 만났다. 완주커뮤니티비즈니스센터장을 할 때 방과후학교와 관련한 사업을 하면서 여러 가지 자문을 얻기 위해 서울에 있는 그 단체를 찾아 갔었다. 그가 완주로 귀촌할 것이라고 그 때는 예상하지 못했다. 그의 귀촌 8년을 물으니 간단한 답이 돌아왔다.

"잘 왔다고 생각합니다."

　그는 시민단체가 운영하는 도시형 대안학교 교사였고 그 일에 만족하고 있었다. 그가 청소년을 만나 이야기하는 가장 큰 주제는 진로에 관한 것이었다. 대안학교에서 진로 이야기는 대학진학이 아니라 어떻게 살 것이냐에 대한 근본적인 질문이었다. 그렇게 몇 년 동안 청소년에게 던진 질문이 어느새 자신에게 돌아오더란다. 시민단체 활동은 제안서를 써 정부의 지원을 받고 그 비용을 정산하는 부차적인 일이 많은데, 자신이 실제적인 활동이 아니라 다른 일에 깔려 살고 있더란다. 청소년을 만나고 함께 활동하는 것은 좋지만, '재정적으로 안정된 상황에서 계속 이 일을 할 수 있을까? 언젠가는 결혼을 할 것이고 집을 구해 독립해야 하고 아이를 낳을 것이고 그때도 이 일을 할 수 있을까? 내가 좋아하고 보람을 느끼는 어떤 일을 계속 하면서 살 수 있을까?' 하는 생각이 들었다. 그러던 중 시골에 있는 대안학교에 가보니 시골에선 큰돈을 들여 집을 구하지 않아도 되겠구나 싶었다. 그리고 그가 만났던 대안학교 선생님이나 학부모 대부분이 만족하는 것을 보면서 언젠가는 귀촌을 하겠다는 생각만 했었다.

그는 청소년 교육 관련 활동이 활발한 제천, 홍성, 완주 등에 관심을 두고 있었다. 그중 완주를 선택한 건 그 당시 여자친구, 지금의 아내 다솜씨 때문이다. 청소년들과 지역을 탐방하는 사업을 진행했는데, 그 일을 도와줄 자원봉사가 필요했고 알고 지내던 대학교수님이 제자를 소개했고, 그때 다솜씨를 처음 만났다. 다솜씨와 청소년들을 데리고 완주에 가게 되었는데, 그녀는 그 일을 계기로 귀농하겠다고 휴학을 하고 완주의 청년학교를 2년 동안 다니더란다. 자신은 막연히 생각만하고 있었는데 자신보다 나이가 어린 여성이 결단해 지역으로 가 공부를 하면서 자신의 삶을 개척하는 것을 보고 '참 멋진 친구'라고 생각했다고 한다. 그 이후로 그녀에게 호기심이 생겨 연락을 하고 지냈다고 한다. 그녀가 휴학한 학교를 마무리하려고 서울로 다시 왔는데, 그때 자주 만나며 교제를 시작했다. 그녀는 졸업하자마자 완주로 귀농을 했고 할 수 없이 장거리 연애를 했다. 3년 쯤 지난 어느 날, 그녀가 내년에 완주에 오지 않을 거라면 헤어지자고 했단다. 이제 혼자 못 지내겠다며. 그때 그는 새로운 교육프로젝트를 시작해서 바쁘고 애매한 시기였지만, 언젠가는 시골에 갈 예정이었고 그녀와 결혼을 생각하고 있었기 때문에 결행했다.

이야기가 나온 김에 승태, 다솜씨의 특이했던 결혼식에 대해 물었다. 두 사람은 완주군 고산면 삼기초등학교 폐교 자리에 세워진 완주지역경제순환센터의 잔디운동장에서 야외결혼식을 했다. 흔한 신랑, 신부 입장 대신 신랑이 손수 제작한 작은 수레에 신부를 태워 그 수레를 직접 끌고 입장했었다. 신부는 그동안 완주에서 좋은 사람들을 사귀고 청년활동을 비롯해 다양한 일을 하면서 여러 사람과 친분을 만들었고, 서울의 친척과 지인들은 귀촌한 신랑, 신부의 이야기와 완주를 궁금하게 생각하고 있었다. 도시에서 30분 만에 도망치듯 끝내야 하는 결혼식은 더욱 싫었기에 이런 모든 사람을 모아서 동네잔치처럼 결혼식을 하고 싶었단다. 오전에는 부모님의 이야기도 듣고 어떻게 결혼했고 어떻게 살 것인지 이야기를 하는 토크쇼를 했다. 오후에는 대학교 밴드부 기타리스트였던 다솜씨와 완주에서 음악을 하는 여러 친구들과 함께 콘서트가 펼쳐졌다. 그리고 마지막엔 DJ를 섭외해 클럽을 만들어 종일 재미있는 결혼식을 했다.

승태씨가 완주에서 주로 하는 일은 집을 고치고 짓는 일이다. 어느 날 보니 승태씨가 교육일이 아닌 목수 일을 하고 있었다. 나는 시골에 살려면 기술이 필요해 서울에서 목수일을 배워 온 줄 알았는데, 그게 아니었다. 그는 결혼 전 다솜씨가 완주군의 적정기술과 관련한 단체에서 일했는데, 주말에 내려가 그 프로그램에 참여하면서 무언가를 만들어내는 것에 흥미를 느꼈다. 그 이후 결혼하고 다솜씨 지인이 근처에서 집을 짓고 있어 보러 갔다. 그때 경량목구조로 지은 집의 골조가 떡 올라가 있는 장면이 너무 근사했고 거기서 일하는 사람들이 멋

있고 부러워보였다고 한다. 현장 소장에게 기술은 없지만 돈은 조금 받아도 되니 일할 수 없냐고 물어봤다. 소장님이 흔쾌히 나오라 해서 5년 동안 그 팀에 들어가서 일을 배우며 여러 채의 집을 지었다.

그랬던 그가 지금은 청년들과 함께 청년마을목수협동조합을 운영하고 있어 그 과정을 물었다. 목수일이 재미있고 사람들도 좋아 그 팀에서 열심히 일했다. 그러다가 서울에서 일할 때 만났던 청소년 중에 어떻게 살까 고민하는 친구들이 있어 목수 일을 하자고 부르기까지 했다. 그런데 안 좋은 일로 그 팀이 갑자기 해체되었다고 한다. 한 3개월분 월급도 받지 못하고 졸지에 백수가 되었는데, 고맙게도 고산면의 청소년 활동을 하는 협동조합에서 함께 일해보자고 해서 서울에서 하던 일을 시골에서 했다. 그런데 서울로 올라갔을 거라 생각했던 서울에서 온 청소년 친구들이 승태씨 모르게 고산면에 남아서 살고 있더란다. 마침 완주군에서 청년 관련 행사를 하는데, 목조 구조물을 만들어달라는 제안이 들어와 장비는 적정기술센터에서 빌리면 되니 그 제안에 응했다. 자신을 믿고 시골로 온 청소년 친구들의 일을 책임지고 만들어주고 싶었기 때문이다. 그 일을 하는 중에 고산면 청소년을 대상으로 하는 창업교육 프로그램을 운영하게 되어 공부하기 위해 창업교육 프로그램을 신청했다. 교육만 받으면 되는데 프로그램의 마지막에 창업계획서를 만들어야 해서 목공과 관련한 계획서를 썼다고 한다. 그런데 우수한 평가를 받아 창업비용을 지원받았고 그 김에 어찌어찌 창업했단다. 청년 행사에서 했던 일이 소문이 나서 일도 들어오고 예전에 집을 지었던 건축주가 집 수리를 맡기고 소개도 해주었다. 그렇게 시작해 이제는 나무 집을 짓는 번듯한 시공회사가 되었다.

엄밀히 말하면 승태씨는 협동조합의 이사장이다. 이 협동조합을 소개하는 SNS에는 "지역의 특성을 이해하고 지역에 필요한 일을 하며 청년자립을 가능하게 하는 협동조합"으로 소개되어 있다. 그는 이전 목수팀에 있을 때 다 좋았는데, 거친 사내들의 문화는 조금 불편했다고 한다. 그리고 직원복지에 거의 신경을 쓰지 않아서 4대 보험 등은 아예 고려되지 않았다. 그래서 팀이 해체되었을 때 어떤 도움도 받기 어려웠다는 것도 알게 되었다. 그때 이후로 그가 창업교육을 받을 때 조직을 건강하게 만들고 열심히 일할 수 있는 조직문화가 있어야 한다는 것을 배웠고 그걸 할 수 있는 형태가 협동조합이라는 것도 알게 되어 협동조합으로 창업했다. 개인사업자로 창업할 수도 있지만, 사장이 더 책임져야 하고 그러다가 뭔가 숨겨야 하고 그렇게 하는 것이 싫었다. 협동조합이기에 함께 일하는 친구들과 모든 것을 상의하면서 운영하는데, 자연스럽게 참여하는 사람들의 책임감도 생겼다. 그리고 한 사람의 주장을 따라가지 않고 토론하고 협의하다 보니 집을 짓는 방법도 더 좋은 대안이 만들어지고 새로운 기술도 개발되더란다. 아마 건축 일을 하면서 현장에서 분리수거를 철저히 하는 회사는 자신들밖에 없을 것이라 그는 자부한단다. 그런 면을 건축주들도 좋아한다고 한다. 승태씨 입장에서는 늘상 뚝딱거리는 일이지만 건축주는 평생 한 번 짓는 집이어서 이것저것 요구하고 궁금해 하는 것이 당연한데 처음에는 그걸 이해하지 못했다. 그래서 요즘은 건축주와 소통하는 일에 애정을 쏟고 집중한다. 이 또한 함께 일하는 친구들이 스스로 책임지고 일할 수 있게 되었기 때문이라며 함께 일하는 조합원에 대한 칭찬을 빼놓지 않았다.

승태씨는 목수이지만 논농사를 짓고 있다. 목수팀이 해체되어 일이 없었을 때, 다솜씨가 앞집 할아버지가 농사를 안 짓는다고 하니 그 논을 지어보자고 제안했다. 시간도 많고 무언가를 해야 했지만, 농사를 지을 생각도 없었고 아무것도 몰라 엄두가 나지 않는다 하니 '벼농사두레모임'에 가면 해결된다고 해서 무작정 모임에 참여했다.[39] 모판을 만드는 작업을 하는데 만나자마자 아침부터 컵라면 준비하더니 막걸리부터 먹더란다. 그는 일하러 온 사람들이 아니라 뭐 놀러 온 사람들 같았단다. 한 시간 일하고 먹고 마시고 또 한 시간 일하고 먹

---

39. 완주군 고산면의 벼농사두레모임은 귀촌했다가 논농사에 관심이 생긴 사람들이 논농사를 짓는 귀농선배한테 농사를 배우며 재미있게 농사를 짓고자 만든 모임이다. 일년 동안 농사의 흐름을 알려주고 논농사에서 가장 큰 일인 모를 키우고 모내기를 하는 일을 내 논, 남의 논을 가리지 않고 함께 하고 그 쌀을 먹는 소비자들도 작업에 동참한다. 『슬기로운 시골생활』, 2022년, 차남호, 사우출판.

고 마시고. 이래서 일이 될까 했는데, 사람들이 더 모이고 어찌 어찌 하다보니 일이 되더란다. 지역에서 얼굴을 아는 사람들 이긴 했지만, 모임에 처음 온 승태씨를 특별하게 대하지 않고 그 전에 있었던 사람처럼 대해 주어서 편안해 꾸준히 나가 그 모임을 통해 논농사를 배웠다. 매일 새벽과 저녁 논물을 보러 나가고 잡초를 뽑고 벼가 계절에 따라 자라고 변해가는 걸 보고 벼농사두레모임 사람들과 일하며 먹고 마시며 친해지면서 목수팀 해체로 힘들었던 마음을 잡을 수 있었다. 그러다 논이 한 배미, 한 배미 늘어 이제 천 평 정도의 농사를 짓고 있다. 큰 수익은 되지 않지만 가족들과 먹고 일년에 한번 아이들과 여행가는 비용을 만든다는 생각으로 농사를 짓는다. 최근 막걸리 만드는 친구가 생겨 쌀을 주고 일 년 마실 막걸리랑 바꾸기로 했다며 나에게 고산면에서 슬슬 지역화폐 시스템을 만들어보자 부추겼다.

본인의 본능이 목공이냐 농사냐 물으니 엉뚱한 대답을 한다. 캠핑장을 만들 계획을 하고 있다는 것이다. 막걸리를 만드는 친구의 아버지가 완주의 북쪽 산골마을에서 백숙을 파는 가든을 하고 있는데, 그 곳을 활용해 캠핑장을 함께 만들어 보기로 했다는 것이다. 또 그곳에서 그가 정작 하고 싶은 일은 캠핑장이 아니었다. 캠핑장에 도축한 소를 반마리 걸어놓고 발골을 하면서 캠핑을 온 손님들에게 고기를 먹을 수 있게 하겠다는 것이었다. 그리고 더 나아가 아이들이 독립하면 남해에 갈 계획이란다. 어부가 되고 싶단다. 그러면서 자신에겐 야생본능이 있는 것 같다며 너스레를 떨었다. 그런데 너스레가 아니라 승태씨는 그 모든 것을 할 것이라는 예감이 들었다.

귀촌할 곳으로 완주는 어떤지 이야기해달라 하니 다시 다솜씨 이야기를 꺼낸다. 첫 아이를 낳고 몸은 좋지 않고 외딴 시골에 또래 친구도 없고 육아에 대해 물어볼 곳도 없어서 많이 힘들어했다고 한다. 완주군 고산면에 '숟가락'이라는 공동육아모임이 있어 아이와 놀러갔다가 육아 경험이 있는 언니들한테 위로받고 아이도 함께 봐주었는데, 아이와 떨어지는 시간이 생기다 보니 생각에 여유를 가지더란다. 그 이후로 계속 숟가락에 참여하게 되었고 다솜씨가 그 외로운 시간을 견딜 수 있었단다. 그렇게 '벼농사두레모임'은 승태씨를 살리고 '숟가락'은 다솜씨를 살렸단다. 그에게 완주는 그런 크고 작은 공동체가 많은 곳이다. 다른 지역은 어떤 공동체에 들어가면 그 속에 단단한 멤버가 되어야 하는 분위기이고 그 안에서 많은 것을 해결해야 할 것 같은 문화같은 게 있는데, 완주는 느슨하지만 끈끈하다고 해야 할까 …. 그렇다는 것이다. 완주는 특히 아이를 키우기 좋은 곳이다. 귀농귀촌한 선배들이 청소년 교육과 관련해서 여러 가지 활동을 하면서 초등학교, 중학교 학부모 커뮤니티를 잘 운영하고 있고 고산고등학교는 공립형 대안학교로 바뀌어 아이들이 성장해도 크게 교육에 대한 걱정이 없다는 것이다. 그리고 공동육아를 막상 해보니 육아와 관련한 지출도 줄었다고 한다. 또 아이들과 도시에 나가서 놀고 먹고 하는 것보다 마음에 맞는 아이들 가족과 집에 모여 아이들은 아이들끼리 놀고 어른들은 어른끼리 교류하는 일이 많아져 외식비도 줄었다. 공동체 활동이 지출을 줄이는 것 같다고 이야기한다. 지역화폐와 관련된 이야기도 그렇게 연결되었다.

말이 나온 김에 시골이주와 아이들 교육을 저울질 하는 사람들에게 대안학교 교사로서 혹은 부모로서 이야기를 해달라 요청했다. 그는 완주에도 초등학교는 시골학교에 보내고 중학교부터 도시에 보내는 부모들이 있는데, 그럴 필요가 있느냐고 반문한다. 보통 부모들은 공부를 시킨다고 생각하는데, 그는 공부는 아이들이 스스로 하는 것이라 말한다. 오히려 고산면과 같은 곳에서 아이를 키우면 무엇을 해야 할지 알게 되고 스스로 자신의 진로를 찾게 되어 공부해야 할 때 알아서 공부하게 될 것이라는 것이다. 더구나 좋은 대학에 가야 좋은 직업을 가지게 된다는 공식은 이미 깨어졌고 어지간한 기술이나 지식은 대체될 것인데, 좋은 대학에 모든 기대를 거는 것은 어리석은 일이란다. 지금의 아이들이 어른이 되어 살아갈 시대에는 감수성, 창의성이 더 중요할 터인데 도시의 학교와 학원은 아이들의 미래를 담보할 수 없다고 짤라 말한다.

　시골에서 아이를 키운다고 시골에서 살아야 하는 것은 아니라 덧붙인다. 고산면에서 고등학교를 졸업한 아이들과 프로그램을 진행한 적이 있다고 한다. 그 프로그램의 의도는 지역의 아이들이 도시로 가지 않고 지역에서도 행복하게 살 수 있는 일을 찾게 해보자는 것이었는데, 아이들은 일단 도시로 가고 싶어 하더란다. 큰 세상을 봐야겠다고 아르바이트를 하더라도 서울로 가야겠다고 말하더란다. 하지만 아이들이 프로그램을 통해 내가 살았던 곳이 매력적이고 무언가 할 수 있는 일이 많다는 것을 알게 되었다면서 돌아올 곳이 있어 안정감이 생겼으니 도시에 가서 더 잘 도전해볼 수 있을 것 같다고 그들의 생각을 정리했단다. 그는 예전에는 지역에 남거나 돌아오면 실패했다고 생각하는데, 그 편견을 깰만큼 아이들이 프로그램을 통해 성장한 것 같다고 말한다.

더 나아가 같은 또래의 친구들이 승태씨를 어떻게 바라볼까 궁금했다. 그의 대답은 "엄청 부러워해요"였다. 승태씨는 컴퓨터 전공이라 대학친구들은 대부분 프로그래머인데, 벌써 퇴직의 불안감 속에 살고 있단다. 할 줄 아는 게 없어서 퇴직하면 흔한 치킨집 사장을 해야 하나 걱정한다고 한다. 그 친구들에게 집을 짓는 이야기, 캠핑장을 만들 계획, 발굴을 하고 물고기를 잡는 그런 이야기를 하면 승태씨는 삶에 대한 다양한 능력치를 가지고 있고 또 그걸 개발하고 있다고 생각하더란다. 그 친구들에게 딱히 해줄 말은 없어 자주 놀러 오라고 청한다. 절실한 친구들은 찾아올 것이고 자주 오고 가면 무언가를 찾아 나설 테니까.

승태씨와 다솜씨의 양가 부모 모두 승태씨와 다솜씨의 결혼과 귀촌을 계기로 완주로 이주했다. 그 과정 또한 여러 가지 사건과 사연이 재미있게 얽혀있었다. 아무런 연고가 없는 완주군 고산면에 여자친구를 따라 이주해 아이를 낳고 본가와 처가 부모님과 승태씨는 재미있고 건강하게 살고 있었다. 두 사람이 인연을 맺는데 약간의 역할을 했기에 행복하게 잘 사는 모습에 대견하기도 했지만, 아직도 내 본능을 찾지도 못하고 실현하지도 못한 나를 돌아보며 승태씨가 마냥 부러웠다.

제주 서귀포 홍창욱

허브농사, 농산물가공, 창작본능

창욱씨는 제주살이 15년차, "공심채"라는 농업회사법인의 대표이다. 15년을 짧게 평가해달라는 요청에 "제주에 살고 싶어 왔으니 이주하면서 그 꿈을 이룬 셈이지만, 15년간 가족들과 행복하게 살았고 저와 우리 가족이 뿌리를 내릴 곳이 여기라고 확신하게 되었으니 제주에 오기를 잘했다는 생각이 듭니다."라고 답한다.

창욱씨의 제주살이 15년을 더 들여다보자. 그의 고향은 경남 창원이다. 부모님은 주남저수지 근처의 시골에서 단감 농사를 지었다. 그는 그 나이 때 공부를 좀 한 친구들 처럼 서울에 올라와 서울 소재 대학에서 공부하고 취직해 직장을 다녔다. 하지만 그는 다른 이들과 달리 일반회사가 아니라 공익 재단의 시민단체 실무자로 일했다. 제주의 올레길이 만들어지고 아내와 함께 걸었는데, 그때 제주로 이주해야겠다고 마음을 먹었단다. 중앙정부의 정책기조가 바뀌면서 시민단체 활동이 위축된 탓도 있었다. 적절한 일자리를 찾는데 6개월 이상 걸렸다고 한다. 그는 제주의 문화콘텐츠를 다루는 IT회사에서 2년 정도 일했다. 고객은 주로 관공서이고 정책 방향이나 예산에 따라 사업의 부침이 심해 미래가 불투명했다. 참여했던 프로젝트가 마무리가 될 쯤, 제주와 육지의 네크워커가 되어야겠다는 생각이 들었다. 그래서 그가 찾아간 곳이 제주올레 사무실이었고 지금은 제주올레의 대표가 된 안은주 팀장을 만났다. 안팀장에게 SNS등으로 제주 농산물을 홍보하고 판매하는 일을 할 수 있을 것 같다고 이야기 했더니 "무릉외갓집"이라는 서귀포의 한 마을에서 시작한 영농조합을 소개시켜주었단다. 3년 정도도 일을 배운다 생각하고 해보라고 추천을 받았는데, "무릉외갓집영농조합"에서 8년이나 일했다. 그리고 "공심채"를 창업해 5년, 그렇게 제주에서 15년을 살고 있다.

제주에 올 때 귀농귀촌은 생각하지 않았느냐 물으니, 그냥 제주에 살고 싶어서 왔고 어릴 때 부모님이 농사를 지었으나 그럴 생각은 하지 못했다고 한다. 그런데 사건과 우연이 겹쳐 지금은 농사를 짓고 농산물을 유통, 가공하는 농업회사를 운영하게 된 것이다. 원래 공심채는 중국과 태국에서 많이 먹는 작물로 속이 비어있는 채소라는 뜻이다. 창욱씨의 공심채는 함께 공共, 마음 심心, 빛깔 채彩를 써서 마음을 모으면 빛이 난다는 의미를 가지고 있다. "무릉외갓집"에서 일한지 5년 정도 되었을 때 그만두고 양봉으로 창업하려고 했는데, 함께 일하는 후배들이 혼자 도망간다, 양봉은 안된다라며 뜯어 말렸다고 한다. 3년을 더 일하고 창업경진대회에 나가 상금도 받고 "공심채" 브랜드도 만들었더니 후배들은 그가 마음을 굳힌 것 같다며 더 이상 말리지 않았다고 한다.

"공심채농업회사법인"은 사회적기업이다. 제주가 따뜻해지고 있고 아열대 지역에서 이주한 다문화여성도 많아 아열대 채소를 키워 지역에 유통하면서 다문화여성들의 일자리를 만들어보려고 시작했다. 2018년 다문화가족협동조합과 협력해 공심채와 고수 농사를 지어 아열대 채소박스를 만들고 아열대 채소를 활용한 레시피를 제공해 크라우드 펀딩을 했는데, 목표 100%를 넘기며 성공적으로 시작했다. 하지만 농지를 얻는 것도 어렵고 아열대 채소 농사도 쉽지 않아 시작한 것이 제주의 귤과 농산물을 유통하는 일이다. 농사로는 바질을 키우고 있고 이를 바질티백, 바질음료로 가공해 판매한다. 이 밖에 제주의 농산물을 바탕으로 허브티, 허브소금, 제주나물밥 등의 가공품을 개발하고 유통한다. 다문화여성들과는 아열대작물 체험 프로그램을 운영하면서 그들의 사회참여를 지원하고 있다. 젊은 친구들의 감성에 맞는 브랜드와 상품 디자인을 하고 있고 다양한 SNS 채널과 유투브 등을 스마트스토어와 연계해 운영한다. 매출을 물으니 직원들의 월급을 최소한 줄 정도라며 고민이 많다고 한다.

이어서 그에게 지출을 줄여서 버틸 수 있었지 않느냐 물으니 그가 입고 있는 옷을 가르킨다. 그의 후드티셔츠에는 공심채 로고가 붙어 있었다. 회사 로고가 찍힌 옷을 주로 입는다는 것이다. 처음엔 아는 사람이 없어 사람을 만나지 않으니 돈을 쓸 일이 없어 블로그에 글을 쓰고 팟케스트도 하고 동영상 제작하는 걸 배우면서 여가시간이 생산적으로 바뀌더란다. 제주 살이의 경험을 살려 다수의 신문사에 기고 요청도 하였고 그렇게 쓴 글이 책이 되어 작지만 돈이 되었고 이것 저것 배운 것이 회사를 홍보하고 운영하는데 도움을 주고 있단다.[40]

---

40. 홍창욱씨의 책이다. 『제주에서 아이를 키운다는 것』, 북하우스, 2014년, 『제주, 살아보니 어때?』, 글라, 2015년

제주에 귀농하겠다는 생각이 없던 그가 농사를 짓고 영농회사를 운영하고 있는 건 "무릉외갓집" 덕분이다. "무릉외갓집"은 서귀포시 대정읍 무릉리에서 만든 마을기업이다. 2009년 제주올레의 1사1올레 마을협약에 의해 자매결연한 기업 벤타코리아와 무릉마을회가 협력해 마을기업을 만들었다. "제주에서 식탁까지"라는 슬로건으로 마을의 40여명 농부가 생산한 제철 농산물로 구성한 꾸러미를 보내주는 방식의 사업을 하고 있는데, 3,000여명의 회원이 매달꾸러미, 격월꾸러미, 매주꾸러미, 직거래 주문, 농촌체험 등을 하고 있다. 무릉리를 통과하는 올레길의 중간지점에 이쁘게 디자인한 매장이 있는데, 마을의 제철 농산물과 제주의 특산물을 구매할 수 있고 카페가 있어 올레꾼과 관광객들이 쉬어가는 곳이기도 하다. 2017년 문재인 대통령이 방문했고 2018년 도농교류활성화 대통령상을 수상하기도 했다.

창욱씨는 "무릉외갓집"에서 실장으로 일했다. 농촌의 체험마을이나 마을기업, 마을기반의 영농회사에서 간사와 같은 역할을 하는 사람을 사무장이라 하는데, 컴퓨터를 다루고 문서작성이 가능한 마을의 젊은 사람이나 귀농귀촌한 도시민이 맡는 경우가 많다. "무릉외갓집"의 경우 이러한 인력이 여럿이고 창욱씨는 그 속에서 실장을 맡은 모양이다. 그에게 이런 일들이 본인의 창업에 도움이 되었느냐 물으니, 귀농귀촌하려고 하는 사람에게 적극 추천한다고 답이 돌아왔다.

그는 그 일을 하면서 농업에 있어 가장 중요한 것을 알게 되었다. 어느 계절에 어떤 농산물이 생산되는지, 어느 시기에 가장 맛있는지, 언제 매입해서 얼마에 팔면 가장 적절한지 등을 현장에서 배웠기 때문이다. 또한 농업과 관련된 일련의 과정을 이해할 수 있었다. 농사를 짓는 것 말고도 종자와 농자재를 공급하는 일, 적절한 양으로 포장해서 유통하는 일, 홍보하고 판매하는 일, 가공해서 저장성을 높이거나 부가가치를 높이는 일 등 농업분야는 무궁무진 다양한데 마을에서 일하면서 이런 모든 과정에 참여할 수 있었다. 또한, 마을 일이 기본적으로 사람을 만나야 하는 일이어서 여러 분야의 사람들을

두루 자연스럽게 알게되는 것도 장점이라 한다. 그가 "무릉외
갓집"에서 다양한 경험을 했기 때문에 창업할 수 있는 에너지
가 생겼고 주변의 사람과 자원을 연결할 수 있게 되었다는 것
이다.

귀농을 염두에 두지 않았었는데도 농사를 짓는 이유를 물
었다. 그는 제주사람이라면 농사가 기본이라 답한다. 제주사
람은 직장을 다니더라도 새벽 혹은 주말에 농사를 짓는 사람
들이 많기 때문이다. 그래서 그는 큰 고민없이 농사를 시작했
다. 바질을 선택한 이유는 허브이기 때문에, 소규모로 농사를
지어도 소득을 올릴 수 있을 것이라 생각했다. 농사를 시작하
는 것은 쉬웠는데, 농지를 구하고 농업인이 되는 것은 힘들었
다고 한다. 농지를 빌려주기는 하는데, 농업인이 될 수 있도록
임대차계약서를 써주는 토지주가 별로 없었다. 우여곡절 끝에
임대차계약서를 써주는 토지를 빌리고 농업인 등록을 하고 바
질을 키웠다. 바질이 싱싱할 때는 향이 좋지만, 금방 물러지는
단점이 있어 가공을 고민했고 제주에서 생산하는 진피, 비트

등을 섞어 첫 번째 브랜딩 차를 만들었다.

"공심채"의 주요한 사업이 유통과 가공이고 농산물 판매 수익은 많지 않은데도 농사를 계속 짓는 이유를 물었다. 그는 농사는 10년, 20년을 보고 하는 거라고 이야기한다. 당장을 생각하면 농사를 짓는 시간에 다른 일을 하는 것이 매출도 늘리고 회사를 성장하는데 도움이 될 것이다. 하지만 그는 영농회사인 만큼 작물을 키우고 그것을 유통하고 가공을 해야 "공심채"만의 상품을 만들 수 있다고 생각한다. 멀리 보며 땀 흘리는 것이 결국 회사의 자산이 되는 것이고 그 위에 유형·무형의 자산이 쌓여서 회사의 주요한 가치를 만들어줄 것이라는 것이다. 또한, 개인적으로는 농사가 정서적·감정적으로 도움이 된다고 한다. 새소리, 빗소리를 들으며 아무도 없는 밭에서 똑같은 작업을 계속하다보면, 여러 가지 생각이 정리되기도 하고 스트레스를 주었던 일도 아무렇지 않게 받아들여지더라는 것이다. 그래서 그는 당장 매출과 회사 성장에 도움이 되지 않더라도 포기하지 않고 농사를 지을 거란다.

가족들도 제주에 와서 잘 살고 만족하느냐 물으니 웃음부터 보인다. 아내와 관련된 이야기가 많은 탓이었다. 제주로 이사하자고 했을 때, 그의 아내는 그가 진짜 이주할 거라고 생각하지 않았다고 한다. 아내는 그가 6개월 동안 제주의 직장을 검색하고 있으니 말릴 수 없다고 생각해서 월 200만원 이상을 받을 수 있는 직장이어야 한다는 조건을 내걸었단다. 다행히 그 조건에 부합하는 직장을 구했고 그 덕분에 제주로 이주할 수 있었다. 아내가 첫째 아이를 임신하고 제주에 왔는데 아이를 낳고 나서 아는 사람도 없고 돌봐줄 사람도 없이 고생을 했다. 그 후로 아내는 자신이 돈을 벌테니 그에게 아이를 보라고 하더란다. 그도 마침 IT회사를 그만두려고 하던 참이었는데, 아내가 정말 돈을 벌어오더란다. 아내는 서울에서 사법시험 준비를 하다가 시민단체에서 일하기도 했는데, 제주에선 아이들을 가르치는 일로 가족이 생활할 만큼 돈을 벌었다. 그러던 어느날, 데 창욱씨는 집에서 아이만 보고 있으려니 갑갑하고 사람을 만날 수도 없어 전전긍긍했다. 그러다 "무릉외갓집"을 찾아가 아이를 데리고 출근해도 되느냐 물었고 그래도 된다고 해 월급의 많고 적음을 따지지 않고 일을 시작했다고 한다.

둘째를 낳기 전 4년간 온전히 아내가 경제를 책임졌는데, 더 이상 못하겠다며 글을 쓰겠다고 하더란다. 창욱씨가 민예총 문화아카데미에서 일하면서 글쓰기 교실도 운영하고 시도 배우고 있었기에 처음에는 아내가 쓴 글을 봐주기도 했는데, 어느 날 아내가 쓴 글이 상을 받아 책을 내고 또 그 책이 상을 받고 지금은 동화작가가 되었단다.[41] 그래서 강연도 하고 글쓰기 프로그램에 나가기도 하고 책읽기시민위원회와 같은 사회활동을 하면서 제주에서 유명인이 되었다.

그동안 "공심채"에서 번 돈을 조금씩 가져다 주기는 했는데, 창업하고 3년이 되니까 아내가 월급을 만들어 집에 가져오라 하더란다. 그 이야기를 들으니 스트레스가 되어 몸도 아프

---

41. 홍창욱씨의 아내는 노수미 작가이고 『어린이날이 사라진다고?』(2020년), 『어린이법 9조 2항』(2021년), 『AI디케』(2021년), 『냉장고가 사라졌다!』(2022년), 『제주도를 지키는 착한 여행이야기』(2022년) 등의 동화를 썼다

고 힘들어하니까 2,000만원이 들어있는 통장을 내밀더란다. 그동안 당신이 가져온 돈이라며 폐업하기 전까지 돈을 벌지 않아도 되니, 이 돈으로 사업준비 더 잘해서 열심히 해보라고 했단다. 들어보니 창욱씨의 제주이주 스토리의 진정한 창작 자는 그의 아내였다. 여하튼 작가가 된 아내도 제주 생활에 아 주 만족하고 있다고 한다.

그가 제주에서 아이를 키우는 것은 어떤지 궁금했다. 제 주도의 사람들은 아이들은 제주시로 보내야 한다고 생각한단 다. 그래서 제주시에서 서귀포시로 이사했을 때 제주시의 친 구들은 아이 교육 때문에 다시 제주시로 올 건데 왜 이사하느 냐 말렸다고 한다. 하지만 창욱씨는 굳이 제주시의 학교에 보 낼 생각도 없고 제주시로 이사할 생각도 없다고 한다. 첫째가 중학교 1학년이고 둘째가 초등학교 3학년인데 제주의 자연환 경을 즐기면서 도시의 아이들과 달리 자유롭게 잘 크고 있다 고 생각한다. 굳이 무엇을 배워야 한다고 시키거나 강요하지 않지만, 본인들이 하고 싶다고 하면 학원을 보내기도 하고 프로그램에 참여시키는데, 무료로 참여할 수 있는 문화공연, 문화예술프로그램이 워낙 많고 다양하기 때문에 큰 돈이 들지 않는다. 제주도에는 문화중개소라는 기관이 있어 문화예술인의 재능과 주민의 활동을 연결하는 작업을 하고 있기 때문이다. 그렇게 창욱씨와 그의 가족은 제주살이 15년을 다양한 이야기로 채우면서 행복을 향해 나아가고 있었다.

그에게 귀농·귀촌이나 지역살이로 제주를 생각하고 있는 사람들에게 하고 싶은 말을 물었다. 제주의 땅값이 많이 올라 농지를 사서 전업으로 농사를 짓는 것은 부담이 많이 될 것이란다. 하지만 농사를 짓던 어르신들이 농사규모를 줄이면서 임대할 수 있는 땅이 늘어나고 있고 외지인이 소유한 토지도 빌려주고 있어 농사를 짓겠다 하면 그런 땅을 구하는 것은 어렵지 않다고 한다. 그래서 제주에 귀농할 경우 땅부터 사지 말고 그런 땅을 빌려 농사를 한번 지어보고 농사를 지을 것인지, 어떤 농사를 얼마나 지을 것인지 신중하게 생각해보면 좋을 거란다. 제주에는 감귤농사 밖에 없다고 생각할 수 있는데, 당근, 비트과 같은 뿌리채소, 육지와 출하시기가 달라 가격경쟁력이 생길 수 있는 시금치, 브로콜리 등 각종 작물이 있다. 또한 같은 당근이지만 다른 농민이 심지 않는 품종을 심어서 성공한 귀농인들도 있고 같은 작물을 키우더라도 브랜드를 만들어 유통하시는 분도 있고 귀농에 있어서 여러 가능성이 있다고 귀뜸한다.

하지만 그는 농사만 생각하지 말라 말한다. 여러 가지 일을 할 수 있는 곳이 제주도란다. 봄에 고사리를 열심히 채취해 팔아도 1년 집세를 낼 수 있고 감귤의 품종이 다양해져서 1년 내내 감귤을 따는데, 일당이 꽤 높고 사람이 없어 하겠다하면 얼마든지 할 수 있다. 거기에 가지치기와 같은 기술을 습득하면 일당은 더 높아진다고 한다. 도시에서 머리가 쓰던 생활을 잠시 접고 단순한 육체노동을 하면서 일이 없을 때 여행도 하고 낚시도 하면서 제주의 어디에 살지, 어떻게 살지 탐색하는 게 가능하다는 이야기이다. 그는 예전에 제주에 살겠다고 온 사람들이 코로나를 겪으면서 적어도 30%정도 빠져나갔는데,

급하게 결정하면 그런 30% 안에 들어갈 수 있다고 경고한다. 으슬으슬 춥고 바람이 많은 제주의 날씨에 적응하지 못하는 사람들도 있으니 한달살기로 연습을 해보고 일년살기를 하면서, 이런 저런 일을 탐색하고 본격적으로 이주하는 것을 추천한다. 하지만 3년 이상은 살아야 이제 제주에 살아도 되겠구나 감이 올테니 조급하게 생각하지 말아야 한다고 덧붙인다.

또래의 친구들이 창욱씨에 대해 어떻게 생각하냐고 물으니 지체없이 '엄청 부러워하죠'라 한다. 첫째는 친구들은 뭔가 단절되는 나이인데 일찍 결심해 제주로 와서 무언가를 이어서 하고 있다는 것이고 둘째는 작정하기 않아도 산이며 바다를 즐길 수 있는 제주를 만끽하고 산다는 것, 셋째는 제주는 계절에 따라 가야할 곳과 먹어야 할 것이 정해져 있어서 때마다 그 계절을 느끼며 살고 있는데, 그런 이야기를 하면 살맛 나게 산다고 부러워한다고 한다. 부럽다면 작은 시도부터 해보라 거듭 말한다.

끝으로 그에게 앞으로 하고 싶은 일을 물었다. 그는 제주의 마을기업, 사회적기업 등의 사회적경제 기업들의 상품을 공동판매하는 제주종합상사의 이사장을 맡았다면서, 제주에서 15년을 잘 살았고 지역사회의 도움을 받았으니 지역에 도움이 되는 일을 해보겠다 말한다. 공적인 일말고 개인적으로 하고 싶은 일은 무엇이냐고 다시 물었더니 바로 시를 쓰고 싶다한다. 뭔가 창작하고 싶은 욕구가 내면에 있다는 것이다. SNS를 하고 유투브 동영상을 만드는 것은 회사를 홍보하는 목적도 있지만 자신의 창작 욕구를 소화하고 있는 것이란다. 그런데 전국에서 지역인구 대비 시인의 비율이 가장 높은 곳이 제주라면서 명함이라도 내밀 수 있을지 걱정한다. 그의 이야기를 들으며 충남 홍성에 귀농한 이환의 농부가 쓴 책『시인과 농부를 겸할 수 없을까?』가 떠올랐다. 가까운 미래의 어느 날 제주의 시골이 키운 시인 홍창욱을 만나게 될 거라는 비껴나갈리 없는 예감이 들었다.

전남 해남 류광민

관광전문가, 프리랜서, 궁리본능

광민씨는 해남살이 4년차이다. 50세가 되면서 삶을 전환하고자 귀촌한 베이비부머이다. 그에게 그간의 귀촌 생활을 평가해 달라 했더니 이렇게 말한다. "아무것도 하지 않으려고 내려왔는데, 이 마을에 살면서 우리 같은 사람의 역할이 있더라구요. 그래서 생각보다 바빠요. 농사를 짓는 건 아닌데 바빠요. 그런데 행복하게 바빠요." 원하지 않았지만, 바쁘고 그렇지만 행복하다는 그의 말, 무언가 비밀이 숨겨져 있는 듯하다.

　그는 초등학교 5학년 때까지 충남의 한 농촌에 살았다. 부모님이 농부는 아니어서 시골 마을이 아니라 읍내에 살았다고 한다. 이후 서울에 살면서 방학이면 고향을 오갔는데, 시골에 대한 그리움과 막연한 끌림 같은 것이 있었다. 그래서 농과대학 축산과에 진학했다. 하지만 막상 배워보니 하고 싶던 공부가 아니었다. 오히려 그는 동물을 키우는 것이 아니라 초지에 대해 공부하고 싶었다. 그가 대학을 다니던 때, 사회는 암울했다. 군사정권의 독재에 맞선 학생들의 시위가 일상이었고 말이 되지 않는 일로 친구들이 목숨을 잃고 군대에 끌려갔다. 그는 편안하게 공부만 할 수 없다고 생각했고 그런 상황을 바꿀 수 있는 일을 하기로 했다. 그는 전국농민회총연맹이 창립할 때 사무국에서 일했다. 이후에 농민단체, 사회단체 등에서 일하다 보니 40살이 되었더란다. 더는 이렇게 살 수 없다고 생각해 포기했던 공부를 시작했다. 그리고 관광학으로 박사학위를 받았다. 관광 분야 전문가로 대학에서 강의도 하고 관련 공기업의 전문위원으로 활동했다. 그러던 어느 날 그는 인생을 바꿀 결심을 또 하게 된다.

어느 순간부터 직장생활이 행복하지 않게 느껴졌다. 무슨 이야기인지 자세히 물었다. 살은 찌고 머리는 빠지고 스트레스는 늘어만 갔다. 나만 그런게 아니라 동료들도 행복하지 않은 직장생활을 하고 있었다. 후배들을 보니 자신을 포함해서 관광이 좋아서 공부했고 그 좋은 일을 하고 싶어서 회사에 들어 온 사람들이 재미는 느끼지 못하고 스트레스에 시달리더란다. 의문이 들었다. 왜 그럴까? 도시에선 누구나 그렇게 살고 있으니 개인적인 문제가 아니었다. 그 뒤엔 구조적인 문제가 있어 보였다. 직장생활에서 목표는 승진이고 승진을 하려면 성과가 필요한데, 한정된 성과를 자기가 가져가기 위해서 치열하게 경쟁하더란다. 조금만 생각해보거나 잠시 떨어져서 볼 수 있으면 협업할 수 있고 재미있게 일하면서 더 큰 성과를 만들 수 있는데, 회사는 구조적으로 그런 일이 일어나지 않았다. 그런데 왜 그렇게 승진을 하고싶었는지 돌아보니 더 많은 돈을 벌기 위해서였다. 그래서 그는 돈을 벌려고 하면 불행해지니 역으로 '돈을 벌지 않으면 행복해지겠구나'라고 생각했다. 일본의 농민이었던 야마시기 미요조가 무소유, 공용, 공동 생활을 주장하며 공동체를 만들었고 이 공동체를 야마기시즘 실현지라 한다. 경기도 화성에 이 실현지가 있는데 오래전 이 곳을 방문했을 때 "돈이 필요 없는 행복한 마을"이라고 쓰여 있는 작은 간판이 인상 깊었었다. 광민씨의 말에 그 마을과 주민들이 생각났다. 그곳 주민들의 미소와 광민씨의 미소가 비슷하다는 느낌이 들었다. 돈을 벌지 않기 위해선, 행복에 다가가려면 돈에 대한 강박에서 벗어나 봐야겠다고 그는 생각했다. 그래서 결단했다. 그의 결단은 이후 그의 인생을 극적으로 바꾸게 된다.

돈에 대한 강박을 버리기 위해서는 꽤 긴 시간 돈을 벌지 않고 살아야 하고 돈을 많이 쓰지 않고도 재미있고 행복하게 살 수 있다는 경험을 해야 한다고 그는 생각했다. 그는 그 해법을 1년 간의 캠핑카 여행에서 찾았다. 적은 비용으로 잠자리와 식사를 해결할 수 있는 캠핑카로 장기간 여행하기로 했다. 책과 인터넷을 뒤지며 유라시아 횡단 여행 계획을 짰다. 그의 여정은 2018년 10월 동해항에서 캠핑카를 싣고 블라디보스톡으로 가서 동유럽, 중남부 유럽을 거쳐 영국에 갔다가 북유럽을 돌고 독일에서 캠핑카를 배로 한국에 보내고 카자흐스탄을 거쳐 2019년 8월 인천공항으로 들어오는 것이었다.[42] 그는 돈을 벌기 위해 대부분 시간을 쓰는 보통의 사람과 전혀 다른 생활을 경험했다. 돈을 벌지 않는 생활을 맛보았고, 기본적인 생활은 매우 적은 돈으로도 가능하다는 것도 알았다. 여행을 통해 돈에 대한 강박에서 벗어날 자신감이 생긴 것이다. 그후 그는 지인이 살고 있어서 와보았던, 해남의 작은 마을로 귀촌한다.

그는 캠핑카 여행으로 의도하지 않았던 것도 얻었다. 생각보다 작은 공간에서 넉넉하게 생활하는 연습을 한 것이다. 캠핑카의 2평 공간에서도 부부는 부족함 없이 살았다. 그의

---

42. 그의 여행기는 브런치스토리(www.brunch.co.kr)의 류광민 브런치에서 볼 수 있다.

이러한 경험은 해남의 집에 고스란히 반영되어 있다. 그의 집은 7평으로, 미리 지어진 주택을 가져와 설치하는 이동식 주택이다. 가장 큰 공간은 거실인데, 불편함 없이 요리할 수 있는 기다란 주방가구, 소파, 다용도의 책상이 있다. 소파에 앉으라 권하더니 따뜻한 차를 가져오면서 조금 옆에 옮겨 앉으라 한다. 소파는 3인용인데 가장자리로 옮겨 앉으니 자동차의 뒷좌석처럼 가운데 의자의 등받이가 제쳐지면서 작은 테이블에 만들어졌다. 그 테이블에 찻잔을 놓아주었다. 다용도 책상은 날개를 펼치면 상판이 넓어지는 가변형이었다. 필요에 따라 식탁으로, 공부하는 책상으로, 무언가 만드는 작업대가 될 수 있었다. 그렇게 거실은 주방이자 식당이고 음악을 듣거나 밤하늘 별을 세는 힐링 공간이며 간단한 스트레칭과 요가를 할 수 있는 체력단련장이고 책을 보는 서재이자 연구실, 화상 강의와 모임을 하는 회의실이었다. 하나의 공간을 여러 용도를 쓸 수 있도록 만든 것이다. 거실의 한쪽은 높지 않은 책꽂이로 구분해 공간을 만들었는데, 여기가 부부의 침실이다. 둘이 누울 수 있는 공간에 옷장만 하나 있다. 벽에 기대놓은 매트를 깔고

잔다고 한다. 이 공간과 화장실이 연결되어 있는데, 놀랍게도 반신욕을 할 수 있는 욕조까지 있었다. 작은 7평 공간에서 30평 아파트 즈음 되어야 할 수 있는 거의 모든 것을 다 할 수 있는 듯했다.

그의 집이 작기만 한 것은 아니었다. 거실의 한쪽에 한 평 정도의 공간을 확장해 폴딩도어를 달았다. 춥지 않은 계절이나 볕이 좋은 날은 거실을 넓히고, 가깝게는 아담한 마을 전경과 멀게는 부드러운 해남의 산너울을 집 안으로 끌어들일 수 있었다. 이 공간을 광민씨가 직접 만들었다고 한다. 집 아래엔 나무로 만든 작은 온실이 있어 차를 마시거나 모종을 키우는 데 쓰고, 마당의 큰 나무 아래엔 데크나 평상을 예외 없이 깔았다. 그는 어느 계절, 어느 시기에 어떤 평상과 데크에 볕이 잘 드는지, 그늘이 생기는지 훤히 알고 있다고 한다. 그가 사는 집은 작았으나 주변의 자연까지 온통 그의 집이 됐다. 집이 작으니 관리하는데 돈이 들어가지 않았고 따스한 햇볕과 시원한 그늘은 자연이 주는 공짜 선물이니 돈을 낼 필요가 없었다.

돈을 쓸만한 일이 뭐가 있을까 생각하다가 취사, 난방, 온수 등의 에너지는 어떻게 해결하고 있느냐 물었다. 그는 집 뒤편의 마당을 가리킨다. 그가 가리킨 손가락 끝에는 태양광발전 시설이 있었다. 에너지도 스스로 생산하는 방법을 선택한 것이었다. 에너지가 필요한 모든 도구는 전기를 사용하고도 태양광 발전 덕으로 그가 지출하는 전기료는 얼마 되지 않았다.

한 달에 얼마 즈음 쓰느냐 물었더니 여기에 얼마, 저기에 얼마라고 대답하다가, 큰돈 버는 일이 없는데 통장 잔액이 줄지 않는다고 결론을 말한다. 마당 텃밭에서 채소를 자급하고 마을 어르신들이 나누어 주는 농산물도 있지만, 농사를 크게 짓지 않아 농산물 구입비와 식비 지출이 어느 정도 있고 교통비, 인터넷 사용료 등의 소소한 지출뿐이란다. 교통비라는 말을 듣고 유럽여행을 함께 한 캠핑카가 마당에 서 있는 것을 발견했다. 가끔 부부가 여행을 갈 때 쓰기도 하지만 읍내에 마실 갈 때도 쓰고 마을 일을 할 때도 쓴다. 아마도 손님이 올 때도 활용하는 듯했다. 그는 캠핑카마저 다용도로 사용하고 있었다. 캠핑카와 함께 한지 15년이 지났지만, 여행 전과 여행 후에 핵심부품을 거의 다 교체했고 관리를 잘해서 새 차나 다름없다 한다. 작은 중고차로 바꿀까 생각을 해봤다지만 그럴 생각은 없어 보였다. 그의 생활은 매우 절제되어 있었다. 그가 이렇게 지출을 줄일 수 있었던 것도 캠핑카 여행 덕이라 한다. 캠핑카에서는 물을 아껴야 하고 냉장고도 작아 남지 않을 만큼 계획적으로 식료품을 사고 아끼며 먹어야 했다. 그 생활이 그대로 시골살이 적용되었고 지출을 줄일 수 있게 된 셈이다.

적더라도 지출이 있고 통장 잔액이 줄지 않으니 돈벌이는 하고 있을 터였다. 그에게 하는 일을 물으니 쓰레기 없는 마을 만들기, 마을이음농장사업, 마을공동식당운영, 마을공방만들기 등을 거침없이 말한다. 이름만 들어도 마을 일이고 돈이 되지 않는 일이란 걸 알 수 있다. 그는 요즘 마을사업에 푹 빠져 있다. 전라남도의 으뜸마을 사업으로 소액을 지원받아 마을의 쓰레기분리수거함의 위치를 바꾸고 쉽게 사용할 수 있도록 만들었으며 도로와 수로, 버려진 공간에 쓰레기를 없앴고 주민들이 쓰레기를 태우지 않도록 교육했다. 또 마을의 일곱 농가가 협동조합을 만들어 농사를 짓고 있는데, 동네 어르신들이 나와 일을 하면 한 시간에 5,000원 정도의 인건비를 드리고 있다고 한다. 이 농장의 생산물을 로컬푸드 직매장에 갖다 주는 일을 젊은 조합원들이 교대로 한다.

어느날 그는 동네 어르신들이 끼니를 거르진 않지만, 식사가 부실하다는 것을 알게 되었다. 그래서 돌봄사업을 연결해 재료비를 지원받아 일주일에 3일, 마을회관에서 점심을 함께 먹는 일을 시작했다. 보통 마을 부녀회에서 자원봉사로 식사를 준비하는 경우가 많은데, 아내 부녀회장의 제안으로 어르신 2명과 젊은 마을주민 1명이 한 조가 되어 돌아가면서 식사를 준비하고 1인당 만 원의 수고비를 책정해 운영한다. 이 수고비는 식사하는 주민들이 1,000원씩 내어 마련한다. 하루 삼십 명이 밥을 먹으면 공동식당이 운영되는 셈이다. 30명이 안될때에는 마을주민들의 기부금등으로 충당된다. 이 사업을 하면서 '한턱'이라는 문화가 생겼다. 수고비 3만 원을 개인이 내면 이른바 '한턱을 쏘는 것'이 되기 때문이다. 사업을 시작한 첫 달에는 8번의 한턱이 있었다고 한다.

이제 그는 마을회관 옆에 오래된 건물이 있던 자리에 새 건물을 짓고 식당, 카페, 공방, 손님용 숙소로 사용될 마을공방을 운영할 예정이란다. 이 건물이 완공되면 마을공동식사를 준비하기 더 편해질 것이며, 어르신들이 이쁜 카페에서 수다를 떨 수 있고 하고 싶거나 배우고 싶은 것이 있으면 여기에서 프로그램을 진행할 수 있을 거란다. 그는 머물 수 있는 숙박시설이 생겨 마을 어르신의 손자, 손녀들이 더 자주 찾아올 것이라며, 놀이공원에 가는 아이처럼 들떠 있었다.

그의 들떠있는 기분에 찬물을 끼얹는 것을 알면서도 물었다. "돈 버는 일은 없는지요?" 그는 정색하며 말한다. "이런 일이 돈을 버는 겁니다. 마을에서 적은 돈으로 밥을 먹을 수 있고 배우고 싶은 거 돈 걱정하지 않고 배울 수 있고 지인이 와도 공짜로 쓸 수 있는 숙소가 있잖아요. 얼마나 좋아요!" 귀농·귀촌과 관련한 강의를 하면서 버는 것보다 쓰는 것을 먼저 생각해야 한다고 이야기하는데, 이걸 이렇게 실천하는 사람이 있을 줄이야. 더구나 개인 차원이 아니라 마을주민과 함께 하나씩 하나씩 바둑판에 돌을 놓아 집을 만들 듯 만들고 있었다.

그는 대학 강의와 자주는 아니지만, 관광전문가로서 참여하는 회의 참석비로 현금을 조금 번다. 하는 일이 또 없는지 물으니 아내가 일하는 지역아동센터에 아이들 공부를 봐줄 사람이 부족하다고 해서 아이들을 가르치고 있다고 한다. 아이고야! 이것도 돈이 되지 않는 자원봉사였다.

그가 돈에 대한 강박에서 벗어난 것은 아니었다. 금연하려면 담배를 끊지 말고 담배에 자유로워져야 한다고 한다. 언제 다시 손에 잡더라도 또 끊을 수 있는 상태가 되어야 한다는 말이다. 그걸 목표로 해야 다시 피게 되더라도 좌절하지 않고 다시 끊는 노력을 하고 되고 그게 반복되다 보면 언젠가는 굳이 피지 않게 된다는 것이다. 광민씨는 돈의 강박에서 벗어난 것이 아니라, 돈으로부터 자유로워진 것이었다. 야마기시 실현지의 주민들과 그가 닮은 것처럼 보였던 이유가 있었다.

그의 농사 규모는 크지 않다. 농약을 쓰지 않으니 보통의 농사는 어렵고 비파나무, 올리브나무, 오크라 등을 연구하며 조심스럽게 재배하고 있다.[43] 예전에 농약을 쳤던 땅이고 땅이 살아나려면 3~4년이 더 지나야 해서 더 조심스럽다. 집 주변의 버려져 있던 밭에 유채를 키운다. 유채가 자라 스스로 씨를 뿌려 다시 자라기를 반복하면 땅심이 살아나기 때문이다. 그가 요즘 재미를 붙인 일은 정원을 꾸미는 일이다. 손을 대면 무언가 만들어지고 그게 시간이 지나면서 점점 예뻐지고 풍성해지는 게 신기했다.

마을 어르신 집의 수도를 고치고 찬바람이 들어오는 창문에 문풍지를 달아주고 TV 나오지 않는 거 봐주는 일로 마을 주민들과 친해졌지만, 농사를 짓지 않았다면 주민들이 마음을 열지 않았을 거라 말한다. 마을 어머님들이 '쟤도 농사짓는 애'라며 더 친근하게 느끼고 같은 주민으로 생각하더란다. 그래서 귀촌하면 규모가 작더라도 농사를 지으면 좋을 것 같다고 귀띔한다.

---

43. 비파나무는 열매, 꽃잎, 나무껍질 등을 약재로 써왔는데 기관지 기능개선, 항암 효과, 신결통 완화, 눈 건강 등에 좋다고 한다. 오크라는 자르면 별 모양이 되는 기다란 열매채소인데 비타민과 미네랄이 풍부하고 특히 혈압과 혈당을 낮추는 효능이 있다.

귀촌지로서 해남이 어떠냐 물으니 겨울이 따뜻하고 땅값이 싸다는 것을 먼저 꼽았다. 군청과 단체에서 운영하는 문화 행사가 많고, 수준도 높은데 대부분 무료라서 서울에서는 접하지 못했던 문화생활을 만끽하는 것도 만족스럽단다. 하지만 시골에 불편한 것이 없을 리 없다. 도시에는 산책로가 많이 있어 어느 때나 가까운 곳에서 산책을 할 수 있었는데 시골에 오니 읍내가 아니면 산책로를 찾기 어려웠다. 그래서 그는 집 근처 야산에 오솔길을 만들었다고 한다. 그랬더니 생각보다 다양한 이용객이 생겼다고 한다. 시골에 없는 게 있다면 만들면 되고 그 과정이 훨씬 재미있고 의미도 있다고 말한다. 뭔가를 만들어 도움이 됐다는 뿌듯한 느낌. 시골은 그런 걸 느낄 수 있는 곳이란다. 가까이에 큰 병원이 없어 응급상황에서 곤란하지 않으냐 말한다. 그러나 해남에서 광주의 큰 병원까지 한 시간 반 정도 걸리는데, 서울에선 차가 막혀서 그만큼 걸리지 않느냐 반문한다. 시골살이를 원한다면 해남이 아니라도 어느 곳으로 가든 문제없다는 말이었다.

마지막으로 시골살이를 고민하는 베이비부머 세대에게

하고 싶은 말을 청했다. 그는 시골에 온다면 연금이나 충분한 돈을 준비해 한 푼도 벌지 않고 여유가 있는 생활을 하려는 사람이 많은데 그럴 필요가 없단다. 오히려 지출을 줄여 큰돈을 벌어야 할 필요가 없어지면 몸을 조금만 움직여도 시골에서 필요한 정도의 돈을 벌 수 있는 곳이기 때문이다. 이렇게 하려면 돈을 벌어야 인정받는 도시에서의 습성을 버려야 한다고 단호히 말한다. 경제적인 측면에서도 그렇지만 그 습성을 버려야 자유로워지고 행복해지기 때문이다.

농촌과 관련된 일을 30년 넘게 했기에 광민씨의 모든 이야기에 '맞아요', '그렇죠' 라며 맞장구를 쳤지만, 나는 시골에서 광민씨처럼 살 자신은 없었다. 그래서 그가 부럽기보다 존경스러웠다. 그는 옳다고 생각한 것은 실천한다. 그는 무엇이든 행동하기 전에 이리저리 따져보고 깊이 생각한다. 그래서 가장 좋아하는 일을 물으니 공부라고 답하기도 했다. 그가 하는 공부는 시험을 보기 위해서 무언가를 외우고 답을 쓰는 공부가 아니라 궁금한 것이 있으면 그 이유를 알아내고 해야 할 것이 있으면 어떻게 하는 것이 좋을지 궁리하는 공부이다. 그는 그렇게 사람들이 불행해지는 이유를 찾아냈고, 행복을 위해 돈으로부터의 자유를 찾아야 한다고 생각했다. 그 자유를 경험하기 위해 일 년간 캠핑카로 유럽을 여행하고 해남으로 귀촌했다. 그가 궁리해 만든 일이다. 마을 일도 그러하다. 쓰레기 없는 마을을 만들려면 어떻게 해야 하는지를 고민했고 주민들을 설득할 방법을 연구했다. 누군가의 희생과 봉사가 아니라 주민들의 공정하고 자발적인 참여로 공동식당을 운영하는 방법을 고민했고 그걸 성공시켰다.

사물의 이치를 깊이 연구하는 것을 궁리라 한다. 그의 실천력은 그의 궁리에서 나오는 것이리라. 그래서 나는 광민씨의 본능을 궁리라 하기로 했다. 앞으로도 그의 궁리본능은 그의 삶을, 그가 사는 마을을, 그리고 해남을 보다 살기 좋게 만들 것 같다.

경북 상주 이상엽

천상농부, 마을홍반장, 경작본능

상엽씨는 상주로 귀농한 지 어언 11년이 되었다. 그의 11년은 어떠했는지 물으니 귀농 후 4~5년은 멋모르고 허둥대며 산 것 같고 이후 3년이 지나고 나서야 생활이 안정되었고 그 후부터 농사가 무엇인지, 내가 짓는 농사는 어떤 것인지를 알게 되었다고 한다. 수학 선생님께 보낸 편지에서 농부가 되고 싶다고 했던 중학생 이상엽답게 그의 시골살이 소회는 농사로 끝을 맺었다.

　그는 IT 네트워크 전문가였다. 학교 전산원에서 일했고 용산전자상가에서 사업을 했다. 스마트폰이 개발된 후 PC에 대한 수요가 감소하니 네트워크시스템을 구축해야 하는 일이 줄어들었다. 더군다나 네트워크 장비를 연결만 하면 설정이 자동으로 이루어져 그가 맡은 전문가의 역할이 작아지고 있었다. 그리고 용산전자상가의 환경도 그에게 편안하지 않았다. 작은 가게가 다닥다닥 모여있어 쾌적하지 않았고 지금보다 흡연이 자유롭던 시절이라 어쩔 수 없이 옷에 배는 담배 냄새가 너무 싫었다. 시간이 지날수록 점점 거래처가 줄면서 매출도 함께 줄었다. 그에게 이런 이유가 겹치고 겹치자 용산을 떠나야 하는 결심으로 이어졌다. 그래서 다른 일을 한다면 무엇을 할 수 있을까 고민하던 그에게 가장 먼저 떠오른 것은 농사였다고 한다.

　서울에서 태어나고 자란 그는 왜 귀농을 선택했을까? 그는 어린 시절 농부가 되겠다고 생각한 연유를 이렇게 이야기한다. "제가 초등학교에 다닐 때 방학만 되면 친구들이 없어지는 거예요. 그리고 방학이 끝나자 까맣게 타가지고 나타났어요. 왜 그렇게 탔냐고 물어보면 시골에 갔다 왔다고 해요. 그게 저는 엄청 부러웠어요. 그래서 엄마한테 왜 우리는 방학에 갈 시골이 없냐고 물어봤죠. 알고 보니 친척이 모두 서울과 경기도에 살아서 갈 수 있는 시골이 없던 거였어요. 그래서 시골에 대한 막연한 동경이 생겼어요. '시골에 가보고 싶다.'라는 생각이 내 아이들한테도 시골이 있으면 좋겠다가 되고 더 발전해 농부가 되겠다는 생각을 한 것 같네요."

서울을 벗어나 신혼살림을 한 것도 또 다른 계기가 되었다. 그의 아내도 서울 토박이인데 결혼하면서 경제적인 형편 때문에 구리시에 살게 되었다. 처음에는 '이제 서울시민이 아니고 경기도민이구나'라는 생각에 상실감 같은 싱숭생숭한 감정이 들었다. 그런데 막상 구리에 사니 오히려 서울에 사는 것보다 더 편리하고 번잡하지 않았다. 걸어갈 수 있는 거리에 극장이 있었고 대형마트에 가는데 차가 막히지 않았고 집 근처에 도서관과 수영장도 있었다. 그때부터 '꼭 큰 도시에 살아야 하는 건 아니구나, 시골에는 시골대로 장점이 있겠네'라는 생각을 했고 막연히 생각하던 귀농을 더 구체적으로 고민하게 되었다.

벌레 때문에 시골에 가기 꺼리는 아내를 설득할 겸 귀농 교육을 함께 다니고, 주말이면 시골로 여행을 갔다. 여행하는 동안 여러 사람의 이야기도 듣고 낯선 곳에서 좋은 분들을 만나면서 아내도 시골에 가는 것도 괜찮을 것 같다고 동의했다. 하지만 막상 시골에 갈 준비를 시작하니 농사를 지어 본 적도 없고 시골에 친척이나 도움을 줄 만한 사람이 없었기에 두려움이 앞섰다. 그렇게 마음을 잡지 못하고 있던 어느 날, 귀농·귀촌과 관련된 행사에서 상주로 귀농한 백승희씨를 만났다. 그 상황과 솔직한 심정을 말하니 승희씨는 이렇게 이야기했다고 한다. "어유~, 쉽게 내려와 봐요. 내려와서 해보고 안되면 올라가면 되지, 뭘 고민이야~" 그 말에 두려움 대신 용기가 생겼다. 무언가 분명하게 정해야 하고 철저히 계획해야 한다는 부담감을 버릴 수 있었다. 그리고 그분을 멘토로 삼았다.

그의 멘토인 백승희씨 부부는 20년 전 상주로 귀농했다. 그들은 대기업과 유명 건축사무소에서 반복되는 야근과 아이를 돌보지 못하는 삶에 회의가 생겨 경기도 광주로 이주했다. 그러다 분교살리기운동을 하는 귀농인을 만나 상주로 이사했다. 그 분교의 폐교를 막지 못했지만, 상주 외서면에서 다양한 활동을 하면서 지금도 살고 있다. 청년이 많이 찾아오는 지역의 공통점을 찾아보니 백승희씨와 같은 멘토가 있었다. 이런 인물을 '비빌언덕'이라 부르기도 한다. 같은 일을 하거나 가족처럼 끈끈한 것은 아니지만, 모르는 것이 있을 때 물어볼 수 있고 힘들 때는 기대기도 하고 때론 함께 무언가를 모색해볼 수 있는 그런 존재를 말한다. 백승희씨는 상주에 귀농하는 많은 사람에게 비빌언덕이었다.

처음에 백승희씨는 상엽씨에게 상주를 권하지는 않았다. 그녀는 어디든 내려갈 곳이 있다면 큰 고민하지 말고 내려가보라 했고 귀농준비에 여러 도움을 주었다. 상엽씨는 몇 개 지역을 가늠하고 있었다. 상주도 그중 하나였다. 상주에서 서울과의 거리도 적당하고 농업여건이 나쁘지 않았다. 그리고 상주에 방문했을 때 첫인상이 좋았다. 좀 더 상주를 알고 싶어 낙동면에 있는 체험마을 프로그램에 참여했고 거기서 만난 후배에게 상주에 멘토가 있으니 함께 가보자고 했다. 그렇게 둘이 외서면의 멘토의 집을 방문했는데 백승희씨 부부는 큰 농사를 짓지 않았지만, 부부가 사는 모습이 좋았고 저런 분이 옆에 있다면 좋겠다 싶었다. 같이 간 후배도 같은 생각이었다. 멘토가 있고 함께 할 사람도 있으니 상주가 '딱'이었다. 후배가 먼저 외서면으로 귀농했고 상엽씨는 낙동면의 체험마을에 귀농했다가 멘토와 후배가 있는 외서면으로 옮겼다.

상엽씨의 농사는 논 5,200평과 밭 1,000평으로 대농이라 할 수 없지만 그렇다고 작지도 않은 규모다. 그 농사를 혼자 한다. 그가 농사를 배운 건 처음 귀농했던 마을에서였다. 마을 형님이 하는 농사를 어깨너머로 따라 하며 배웠다. 그 과정에서 어떤 작목이 그에게 맞는지, 농사를 지을 때 토지를 어떻게 활용하면 되는지 감을 잡았다. 벼농사는 기계를 쓸 수 있기에 비교적 넓은 논을 혼자 감당할 수 있고 적절한 규모로 농사를 지으면 소득의 기본을 얻을 수 있다는 것을 배웠다. 밭 작목 중에는 토마토가 자신한테 잘 맞았고 하우스에서 재배하면 해충피해가 적어진다는 것도 알았다. 또 친환경 농사가 힘들고 수확량은 적지만 생협과 직거래를 하면 안정적인 매출을 유지하는 것도 보았다. 그렇게 차근차근 배우며 그는 적합한 농사방법을 찾아 나갔다.

그 방법의 하나는 윤작이다. 윤작은 한 경작지에 여러 작물을 돌려가며 짓는 것인데, 작물의 특성을 활용하여 재배 기간을 늘릴 수도 있다. 그리고 앞서 심었던 작물이 뒤에 심을 작물에 도움을 주기도 하며 콩과작물을 중간에 배치하면 토양에 질소성분이 보강되기도 한다. 그의 비닐하우스 밭엔 토마토와 미니 파프리카를 수확한 후 배추와 무를 심고 노지 밭에는 양파 농사 이후 청차조를 심는다.[44] 이러한 윤작과 간작, 혼작을 합쳐 작부체계라 하는데, "유기농업은 작부체계에 의해 완성된다."라고 하니 윤작은 유기농업, 친환경 농업에 있어 기본 중의 기본이라 할 수 있다.

---

44. 청차조는 조의 일종으로 일반 조보다 찰기가 있고 푸른 빛이 난다. 예전에는 산간지방에서 구황작물로 키웠지만, 쌀에 부족한 영양분이 많고 철분이 많아 빈혈과 산후조리에 좋다고 한다.

그의 농사는 모두 친환경이다. 그에게 혼자 짓는 농사, 그것도 친환경이니 힘들지 않냐고 물으니 농약과 비료를 사용하는 관행적인 농업을 해보지 않았기에 '수확하면 원래 이 정도이구나'라고 생각해 힘든 것도 모르고 스트레스도 없다며 웃는다. 유사한 농사를 짓는 농부들이 주변에 없지 않을 터인데 비교하지 않았다는 것이 믿기지 않았지만, 그의 웃음 속에 충남 서산 마애불상의 인자한 미소가 겹쳐져 더 묻지 않았다.

규모가 크지 않는 농지에서 그것도 친환경 농업으로 그가 적정수익을 만들어낼 수 있었던 이유는 총 3가지다. 첫째는 혼자서도 일 년 농사를 감당할 수 있도록 농장을 최적화했기 때문이다. 적당한 크기의 하우스를 짓고 하우스와 노지에 적합한 작목을 배치했고 윤작으로 작목의 다양성과 작기를 늘려 1인 노동력으로 더 많이 생산할 수 있도록 만들었다. 둘째는 농사짓는데 들어가는 비용을 줄였다. 외부 노동력에 의존하지 않기에 인건비가 없고 농약과 화학비료를 쓰지 않고 주변에서 구할 수 있는 재료를 활용해 현금으로 사야 하는 농자재 투입을 최소화했다. 셋째는 직거래를 해 판매의 불확실성과 불안정성을 줄였다. 경매, 도매상인, 인터넷판매 등은 농사를 시작하기 전 누구에게 팔아야 할지, 얼마의 가격에 팔 수 있을지 모르는 불확실성이 존재한다. 생협을 통한 직거래는 매년 큰 문제가 생기지 않는 한 거래가 유지되고, 작황과 시장가격에 큰 변동이 일어나지 않는 한 생산자 납품단가가 크게 변하지 않는다. 납품단가의 안정성은 매출과 수익을 예측할 수 있어 경지면적을 늘리거나 작부체계를 안정하게 변화시킬 수 있다. 또한, 경작하지 않았던 작목의 재배나 농산물 가공과 같은 새로운 시도에 대한 투자가 가능해진다. 더불어 고객이 정해져 있으니 홍보, 유통과 관련한 거래비용을 비교적 줄일 수 있다.

수익이 많지 않았지만, 그는 농사를 접을 생각을 해본 적이 없다. 그 이유가 무엇일까? 물어보니 그에게 농사는 어린 시절의 막연한 꿈이었고 도시에 살면서 오랫동안 현실이 되기를 꿈꾸었던 일이었기 때문이기도 하지만, 농사에는 소확행, 즉, 소소하지만 확실한 행복이 있다고 한다. 밭에 나가 일하고 있을 때 참새들이 주변에 찾아오면 '아, 우리 밭에 벌레를 잡아주는구나'라고 생각하고, 파종할 때 그 참새들은 벌레 대신 씨앗을 먹겠지만 '너희들도 살아야지, 내가 농사지어 다른 사람을 먹여 살리는 것처럼 너도 살아야지'라고 생각한단다. 상엽씨는 그렇게 사는 게 좋고 행복하단다. 시간을 자유롭게 쓸 수 있는 것도 농사의 장점이라 덧붙인다. 상엽씨 부부는 수영을 좋아하는데, 겨울에는 동남아 여행을 가 실컷 수영을 즐기고 온다. 직장이나 사업을 할 때 어쩔 수 없이 가장 붐비는 시기에 숙제하듯이 해치우는 휴가와 비교할 수 없다는 것이다. 농사는 특정 시기에 꼭 해야 하는 일이 있지만, 그 시기에 열심히 일하면 극장을 가더라도 사람이 없는 시간에 편안하게 갈 수 있고 개인적인 볼일도 번잡하지 않을 때 편안하게 처리할 수 있다.

나는 한겨레신문사와 '느린삶학교'를 운영한 적이 있다. 그러던 중 '시간은 언제나 누구에게나 똑같이 흘러가는데, 누구한테는 빠르고 지나가 허덕거리고 누구한테는 느리게 느껴질까?'를 주제로 토론을 했었다. 참가자들과 함께 내린 결론은 시간을 쓰는 데 있어서 '자율성, 자발성'이 그 느낌을 좌우

하는 것이었다. 상엽씨가 농사일에 외부 노동력을 활용하지 않는 것도 이런 느린 삶과 관련이 있다. 그는 체력이 좋지 않아 농사일을 빨리빨리 못한다고 한다. 급할 때 일손이 필요해 사람을 써보았는데, 그분들이 일을 더 잘해서 그 속도를 따라가기 급급해 오히려 너무 힘들었단다. 그 일을 계기로 그는 혼자서 농사짓기로 결론을 내렸다.

그에게 농사 이외에 하는 일을 물었다. 그는 컴퓨터를 고치고 CCTV를 설치하는 일을 한다. 이 두 가지는 예전에 용산에서 하던 일과 관련이 있어 장비도 있고 잘 아는 일이기도 하다. 또 그는 상주에서 귀농인을 대상으로 하는 '나는 목수다'라는 교육에서 목공을 배웠다. 그리고 지금 사는 집을 스스로 지어보면서 일을 익혀 목공 일을 하기도 한다. 그가 하는 이 세가지 일 모두 전문적으로 하는 것도 아니고 적극적으로 일을 받는 것도 아니다. 일을 받을 때는 상엽씨가 이런 일을 한다는 것을 아는 사람들이나 따로 지인을 통해 소개를 받는다. 적정 수준의 일당을 책정하기 때문에 저렴하기도 하지만, 서로 믿을 수 있기에 상엽씨도 편하게 일한다. 기한이 없는 애프터서

비스가 필요하지만, 그 또한 지인들이 상엽씨에게 일을 맡기는 이유이기도 하다. 일정하지는 않지만, 이런 일로 농사수익의 대략 30~40%를 번다.

그는 수익이 있는 일만 하는 것은 아니다. 가장 대표적인 것은 마을예술가 활동이다. 마을예술가는 상주시 외서면 중심으로 귀농귀촌인 7명이 모여 마을에서 할 수 있는 다양한 활동을 하려고 시작한 모임이다. 이 모임은 일상을 예술적으로 살아 보자는 뜻을 담았다고 한다. 마을예술가의 '가家'는 사람을 지칭하는 것이 아니라 한자 뜻 그대로 집을 의미한다. 서로 모여 활동할 수 있는 공간을 만들었는데 그 집의 이름이 '마을예술가'이다. 그의 멘토인 백승희씨도 그곳의 초기 구성원이다. 이 공간이 초등학교 근처에 있고 방과후에 아이들과 여러 활동을 하다 보니 아이들의 아지트가 되었기에 이곳을 '마을도서관'이라 부르기도 한다. 아이 돌봄 이외에도 책 읽기, 바느질, 요가, 빵 만들기 등의 모임이 이루어지고 특별한 일이 생기면 파티를 하고 장터를 열기도 한다. 회원들의 후원금과 지역의 문화재단, 교육청 등의 지원금으로 운영하는데,

모든 활동이 회원의 자원봉사로 이루어지기 때문에 경제적으로 큰 어려움은 없다고 한다. 이런 활동을 시작한 지 10년이 넘었다. 코로나19로 잠시 주춤했지만, 최근에는 외서면 면 소재지의 빈집을 빌려 식당, 그릇 가게, 소품점, 다목적 교류공간 등을 만들어 골목을 활성화하려는 노력도 하고 있다.

상엽씨는 이 마을예술가 모임에서 홍반장[45] 이다. 다양한 장비를 다룰 수 있고 목공을 하고 트럭과 굴착기도 가지고 있기 때문이다. 또한, 그는 영상장비도 있어서 기록담당이기도 하다. 최근 영상촬영에 드론을 활용하는 방법도 배웠다. 왜 이렇게 여러 가지 일을 하게 되었냐고 그에게 물으니 달리 이런 일을 맡아 할 사람이 없었고 내가 할 수 있는 일이기에 즐겁게 하고 있다고 답한다. 그는 농사일로 바쁘지만, 마을예술가에서 장터를 한다고 하면 트럭을 몰고 가 큰 짐을 옮겨주고 공연을 하면 임시무대를 만들고 빈집을 고칠 때는 목수를 자청한다. 돈이 되는 일도 아니고 농사일에 방해가 될 터인데 마을예

---

45. 김주혁, 엄정화 주연의 2004년 영화 「어디선가 누군가에 무슨 일이 생기면 나타난다 홍반장」의 주인공 홍두식은 마을에서 모르는 일도 없고 못하는 일도 없다. 마을에 이런 인물을 흔히 홍반장이라 부른다.

술가 이야기하는 상엽씨의 얼굴에서 연신 미소가 없어지지 않았다. 모임의 취지대로 그의 일상을 풍요롭게 만들어주고 있는 게 틀림없었다. 상주에선 농사 이외에 여러 가지 일에 하는 귀농인들을 '반거치[46]'라고 놀리기도 하는데, 자신이 그 대표적인 '반거치'라며 또 웃는다. 귀농할 때 이렇게 다양한 일을 할 줄 알았냐고 물으니 그냥 농사만 지을 줄 알았다면서 "시골엔 할 수 있는 일이 많지요. 살다 보면 다 할 일이 생겨요"라고 말한다. 문득 그가 노후 생활을 어떻게 계획하고 있을지가 궁금했다. 그는 체력적으로 농사가 감당되지 않으면 농사는 줄이겠지만, 이렇게 상주에서 여전히 다양한 일을 하면서 사람들과 꼼작꼼작 살고 있을 것 같다고 한다. 아무리 '반거치'라고 놀림을 받아도 그는 상주의 귀농생활을 만족하고 있다는 이야기일 것이다. 그의 대답을 들으며 시골은 나이가 들어도 할 수 있는 일이 많고 그 일을 찾을 수 있는 곳이기에 공연한 질문을 했다고 생각했다.

46.반거충이의 다른말. 무엇을 배우다가 중도에 그만두어 다 이루지 못한 사람.

다른 귀농귀촌인처럼 상엽씨도 검소한 생활을 한다. 다른 사람의 시선을 크게 신경을 쓰지 않아도 되니 일종의 품위유지비로 쓰는 돈이 없단다. 도시에선 다른 사람과 이야기를 나누려면 세상 돌아가는 일도 알아야 해서 돈을 썼고, 사람들과 만나고 어울리느라 돈을 썼다. 시골에 살고 나서 그런 돈이 줄었다. 시골에선 술을 마셔도 대리운전비가 부담되어 집에서 소소하게 즐긴다. 도시에선 이런 걱정 저런 걱정으로 보험도 많이 들었는데, 시골에 와서는 꼭 필요한 보험만 남겨두었다. 그만큼 지출이 줄었다. 태양광발전을 설치해 에너지비용도 줄이고 싶어 계산했더니, 평소에도 워낙 전기료를 적게 내고 있어 자부담 비용을 생각하면 큰 이득이 없어 설치하지 않았다고 한다. 평소 그의 생활이 검소하다는 증거일 것이다. 아마 그 검소함이 큰돈이 없어도 그를 여유 있고 당당하게 만들었고 그의 얼굴이 푸근한 미소를 품게 했을 것이다.

시골살이 지역으로서 상주는 어떤지 그의 생각을 물으니 농사와 관련한 이야기가 우선이다. 상주는 좋은 땅이란다. 곶감이 특산물이기는 하지만, 과일로는 사과, 배, 포도 등의 농사가 잘되고 자두도 많이 생산된다고 한다. 삼백의 고장이니만큼 쌀농사도 잘 된다. 자연재해가 거의 없는 것도 농사를 거든다. 그만큼 상주로 귀농한다면 작목의 선택지가 넓어진다. 예전부터 귀농인이 많았던 이유이기도 하다. 귀농인이 많아졌지만, 상주가 넓고 코로나 19 이후에 모이는 기회도 적어져 다른 귀농인들과 예전만큼 교류하고 친하게 지내지 못하는 것이 상엽씨는 아쉽다고 한다. 끝으로 그의 멘토처럼 누군가 상주로 귀농하려고 멘토가 되어달라고 요청하면 어떻게 하시겠냐고 물으니 "반거치인데요, 뭐. 얼마든지 도와드리지요"라며 시원하게 답한다. 이렇듯 상엽씨 같은 선배 귀농귀촌인이 많은 게 상주의 또 다른 장점이다.

최근 귀농·귀촌과 관련된 강의를 하면 농촌에 농민만 사는 것도 아니고 농민이 농사만 지어야 하는 것도 아니다. 그러니 사는 곳과 하는 일을 모두 다 바꿀 혁명과 같은 결심을 했다면, 농사만 생각하지 말고 다른 본능도 찾아 시골에 가야 한다고 이야기한다. 농사를 짓는 일도 돈을 벌어야 하는 노동이 되면 고되고 지겨운 것은 마찬가지다. 체력과 경제적 상황에 맞추어 적절한 규모로 농사를 짓되, 평생 하고 싶었던, 지치지 않고 평생 할 수 있는 일을 해야 한다고 말한다. 상엽씨와 인터뷰를 하면서 그동안 내가 경작본능을 무시하고 있지 않았나 하는 생각이 들었다. 농사보다 더 우선하는 다른 본능이 있을 것이라 짐작하고 묻는 내 질문에 상엽씨는 도돌이표처럼 농사로 그 끝을 맺었다. 그는 서울에서 태어났지만, 경작본능을 가진 천상농부였다.